DER KÄSE KOMMT VOR DEM DESSERT

VINCENT MOISSONNIER
JOACHIM FRANK

DER KÄSE KOMMT VOR DEM DESSERT

Goldene Regeln für den Restaurantbesuch – von Dresscode bis Trinkgeld

MIT ILLUSTRATIONEN VON
NISHANT CHOKSI

DUMONT

INHALT

Die Zeremonien des Sonnenkönigs

Hanns-Josef Ortheil

Köln, Krefelder Straße 25. Wie oft habe ich hier schon Halt gemacht, häufig auch nur, um einen kurzen Blick auf *Le Moissonnier* zu werfen. Der Name steht in Jugendstilschrift über der Tür. Weiße, kurze Bistrogardinen an Ringen vor den beiden Fenstern schirmen den Blick auf die Gäste ab, lassen aber den auf Decke und Wände zu, ein Spiel mit der Diskretion.

Einmal war ich am Mittag der erste Gast und betrat den Innenraum durch den Spalt eines Vorhangs, um danach allein vor der unverhofft versammelten Crew zu stehen. Alle in schwarz-weiß, ein Ensemble, das sich um den Patron scharte. Ich mochte mich nicht setzen, sondern lieber noch länger schauen, denn ich befand mich nicht nur in einem Theaterraum, sondern auch in einer Filmszene.

Claude Sautet blickte mir über die Schulter, und wir entdeckten zusammen die schmale Säule, die den Raum in zwei Bezirke zur Rechten und Linken trennt, während die hohen Spiegel an den Wänden ihn weiten. Die ockergelben Decken schimmern in ihrem Jugendstildekor, das rote Leder der Stühle und Sitzbänke kontrastieren damit und wirken wie eine Hinführung zu den weißen Tischdecken, auf denen Gläser und Besteck einladend warten.

Der schöne Moment, den ich erlebte, war ein dezidiert französischer, er erinnerte an Pariser Brasserien des neunzehnten Jahrhunderts. Aus diesem historischen Fundus ist *Le Moissonnier* vor fast vierzig Jahren zunächst als *Vinothèque* entstanden und hat sich in den letzten Jahrzehnten zu einem *Restaurant* entwickelt, dessen Besuch für alle, die sich Zeit nehmen und genussfähig sind, ein anspruchsvolles Fest von einigen Stunden bedeutet.

Längst weiß man, dass Vincent Moissonnier nicht nur das Dekor der Wände, sondern auch die Möbel entworfen hat, zusammen mit seiner Frau Liliane und Chefkoch Eric Menchon hat er sich ein Traumreich geschaffen, in dem sie zu Hause sind und Gäste aus aller Welt empfangen und bewirten. Der Patron kommt nicht aus Paris, sondern aus den Vogesen und damit aus nachbarlichen Regionen. Dass Köln für sein eigenes Lokal der einzig richtige Standort war, konnte Vincent Moissonnier damals wohl dennoch nicht ahnen. Keine andere deutsche Stadt hat derart viele französische Impulse inhaliert und lebt in ihrer leicht überdrehten und temperamentvollen Art mit einem begeisterten Blick nach Westen. Kölner Brauhäuser sind Übersetzungen französischer Brasserien ins Volkstümliche, Erdnahe, und die Musik, die in vielen kölschen Kneipen tagaus, tagein läuft, ist der Versuch, sich als Geburtsort des Komponisten Jacques Offenbach und seines *Pariser Lebens* würdig zu erweisen.

Die Szenen und Aktionen im Restaurant werden von Liliane und Vincent Moissonnier unter Mitarbeit vieler erprobter Helferinnen und Helfer dirigiert. Statt eines Dirigierstabs kommt im Fall des Patrons eine kleine Fliege zum Einsatz, die allen Gästen anzeigt, dass hier nicht die Steifheit von Krawatten, sondern die Leichtigkeit eines »Papillon« den Ton angibt. Man setzt sich, das Stück in mehreren Akten nimmt seinen Lauf, und wer die Hintergründe und Regeln kennt, genießt es doppelt.

Denn auch dieses Schauspiel ist ganz und gar französisch und orientiert sich an dem, was *Saivor-vivre* genannt wird. Als eine Kunst, das Leben zu genießen, ist diese Formel nur unzulänglich übersetzt. Eigentlich hat sie einen tieferen Sinn, und der meint, sich angemessen zu verhalten, dem Rang eines Restaurants der obersten Kategorien entsprechend. Ein solches Benehmen hat aber nichts mit einem Kommandoempfang oder einer sonstwie verkrampften Option zu tun, sie wird vielmehr im Gegenteil emphatisch vermittelt und nährt sich aus jahrhundertealten Traditionen der *Civilisation Française.*

Entstanden sind sie bereits im siebzehnten Jahrhundert in Paris und Versailles am Hof des Sonnenkönigs Ludwig XIV. – den Umgang der Menschen miteinander haben sie in Frankreich aber bis heute geprägt. Dazu gehört die Fähigkeit, eine Rolle in einem gesellschaftlichen Ensemble zu spielen, die sich in den unterschiedlichsten Facetten von Sprache, Gestik, Klei-

dung und Auftreten artikuliert. Mögen Revolutionen verschiedenster Art den Absolutismus alter Prägung auch noch so erschüttert haben, die Nuancen der Lebensstile sind durch die Jahrhunderte auch im Alltag erhalten geblieben und führen zu jenem ambitionierten Spiel mit den »feinen Unterschieden«, die der französische Soziologe Pierre Bourdieu in einem gleichnamigen Klassiker untersucht und festgeschrieben hat.

In letzter Zeit ist Vincent Moissonnier dazu übergegangen, solche, wie er es nennt, »Pariser Regeln« festzuhalten und zusammen mit dem Journalisten Joachim Frank auf amüsante Weise zu formulieren. Dabei hat er sich als französischer Strukturalist bewiesen, dem es um das »Dechiffrieren der Codes« geht. »Dechiffrieren« meint: Lesen, verstehen, aber auch handhaben und umsetzen. »Codes« sind gesellschaftlich vereinbarte Inszenierungen des sozialen Umgangs, die man nicht laufend anspricht, sondern souverän zu beherrschen versucht.

Ihre Wurzeln im Zeitalter des Absolutismus lässt Vincent Moissonnier dezent anklingen. Dann ist von zuvorkommenden, wohl erzogenen Personen die Rede und damit von den alten Strategien der Galanterie. Sie bestehen aus indirekten Signalen und Zeichen, die zu respektvollen und aufmerksamen Umgangsformen führen. Die theatralische Bühne eines Restaurants wird durch sie szenisch belebt, vom Auftritt des Bedienungspersonals über die Dialoge der Besitzer mit den Gästen bis hin zum Wirken all jener Personen, die in den klandestinen Räumen der Küche werkeln und kochen.

So erlebt, ist das Restaurant ein Gesamtkunstwerk aus Bildern, Sprachen, Gesten und Auftritten, das alle Teilnehmenden integriert. Nicht nur die Menschen, sondern auch die Dinge spielen in ihm eine Rolle, von den Stühlen und Bänken bis zu Besteck und Servietten, ganz zu schweigen von den Tellern und Gläsern. Indem sie berührt und eingesetzt werden, gestalten sie jene szenischen Abläufe mit, die um die Präsentation der Speisen kreisen. Sie sind der eigentliche Mittelpunkt, das Zentrum der kleinen und großen Begierden, die sich vom ersten Blick auf ein Gericht bis zur Nahrungsaufnahme in kleinen Portionen erstrecken.

Das Auge, der Mund, die Zunge, die Nase – sie alle kommen zum Einsatz und komplettieren die Ahnungen dessen, was man »den Geschmack« nennt. Bedeutende Philosophen haben solchen Erlebnissen bestechende Analysen gewidmet und gastrosophische Texte entworfen, in denen das »Geschmackserlebnis« gedeutet und in seinem Verlauf analysiert wird. Das *Le Moissonnier* hat sich in seinen Jahrzehnten um die Praxis genau dieser ekstatischen Erlebnisse gekümmert und sie auf französisch-elegante, noble, aber niemals überanstrengte Weise gestaltet

Ich selbst habe dort am liebsten zu zweit gegessen. Mahlzeiten in größerer Runde fand ich eher ablenkend, während die Gespräche mit einer einzigen, zweiten Person immer auch etwas von einem Kammerspiel hatten, das viel Zeit und Neugierde erforderte, um sich der Folge der Speisen zu widmen, sie anzusprechen und sich darüber auszutauschen. Solche Gespräche ignorierten die Welt draußen, sie blieb hinter dem Vorhang, und erst recht spielte sie in der möglichen Form aktueller Nachrichten oder digitaler Konversationen keine Rolle.

Hält man sich daran und verzichtet auf die üblichen Kontaktrituale, um sich ganz auf Essen, Trinken und das Schauspiel der freiwilligen Isolation zu konzentrieren, erlebt man im *Le Moissonnier* jene einzigartigen Stunden von Muße, Innehalten und Innewerden, auf die es der großen Küche ankommt

L'OUVERTURE

Worum es geht

JOACHIM FRANK: Herr Moissonnier, wofür ist dieses Buch gut?

VINCENT MOISSONNIER: Wir leben in einer Welt großer Veränderungen. Etikette ist ein Moment der Stabilität in instabilen Zeiten, ein unschätzbares Kapital. Gutes Benehmen bleibt, die Regeln überdauern. Glauben Sie mir! Ich bin bis heute dankbar und glücklich, dass meine Eltern mir von Kindesbeinen an Benehmen beigebracht haben, dass sie mich früh ins Restaurant mitgenommen und mir gesagt haben, wie man sich dort verhält. Viele lernen das heute nicht mehr. Deshalb möchte ich mit etwas vertraut machen, was früher selbstverständlich war. Mit Aufmerksamkeiten, die das Leben bereichern und verschönern. Ich möchte zu kleinen Aha-Erlebnissen verhelfen – erläutern, wie man sich zu anderen verhalten sollte, wenn man in ein Restaurant geht. Und das alles unangestrengt und nicht verbiestert.

Sie warnen aber im Buch auch: Ein einziger Fehler im Benimm-Code, und man ist in manchen Kreisen unten durch. Das klingt verdammt anstrengend.

Wenn man krampfhaft alles richtig machen will, wird es davon auch nicht besser. Ich werbe für einen Rahmen, nicht für eine Schraubzwinge. Es gibt ja diese Benimmratgeber im Ziegelsteinformat, die auf den Ramschtischen der Buchhandlungen liegen oder im Internet feilgeboten werden. Wer so was kauft, geht wahrscheinlich erst mal für drei Wochen in Klausur zum Auswendiglernen. Eine schreckliche Vorstellung! Fast so schlimm wie der Gedanke, jemand könnte dieses Buch wie eine Gebrauchsanweisung oder eine Formelsammlung mit ins Restaurant nehmen.

Was dann?
Ich wünsche mir, dass die Leserinnen und Leser dieses Buchs durch die Lektüre ein Gefühl für Stil entwickeln. Mein Zauberwort – auch in der Gastronomie – ist »Respekt«. Daraus ergibt sich alles andere – und manchmal fast wie von selbst.

Was hat sich in der Gastronomie mit den Jahren geändert, die Sie überschauen?
Ich bin seit meinem 18. Lebensjahr in der Gastronomie – seit mehr als vier Jahrzehnten. Spaßeshalber habe ich es mal ausgerechnet: mehr als 100 000 Stunden Service. Die Welt ist in der Zeit bunter geworden, die Gesellschaft vielfältiger, pluraler, kosmopolitischer. Und genauso hat sich auch die Gastronomie weiterentwickelt. Früher verkehrte in einem Restaurant wie unserem eine geschlossene Gesellschaft. Heute ist das Publikum gemischt und vor allem auch jünger. Früher kamen die Leute erst in ein Restaurant wie unseres, wenn sie wirklich arriviert waren. Dann atmeten sie tief durch und gingen einmal im Jahr »zum Franzos«.

Aber auch heute muss man sich das leisten können.

Das stimmt. Der Schlüssel zur Sterneküche ist nach wie vor das Geld. Aber früher hatten Leute ohne dickes Konto von vornherein Hemmungen. Heute sagen sie: »Komm, wir gönnen uns das mal!«

Wenn das Geld der Schlüssel ist, findet dann nicht weiterhin ein sozialer Ausschluss statt – ein Sortieren nach »drinnen« und »draußen«?

Ich verstehe dieses Buch als einen kleinen Beitrag, dass das nicht so sein muss. Es soll ein Schwellenabsenker sein. Manchmal sagen Gäste ganz direkt zu mir: »Herr Moissonnier, wir wollten uns mal einen Abend bei Ihnen gönnen – aber ob wir wohl alles richtig machen?« Dann sage ich: »Entspannen Sie sich, Sie können nichts falsch machen, außer dass Sie es nicht genießen.« Wir sind nicht dafür da, unsere Gäste zu beurteilen. Nur wenn jemand kommt, der sich aufplustert und verächtlich über alle Regeln hinwegsetzt, dann – das verspreche ich Ihnen – hat der keinen angenehmen Abend. Respektlosigkeit verdient Verachtung.

Wenn man gar nichts falsch machen könnte, wäre dieses Buch überflüssig.

Wenn ich den Leserinnen und Lesern sage: In der Gastronomie läuft es so und nicht anders, dann gibt das eine Orientierung. Ich dechiffriere sozusagen die Codes, damit man sie verstehen und handhaben kann. Wer es dann anders machen will, soll das tun – und ich halte niemanden deswegen für einen schlechteren Menschen. »Drinnen oder draußen« ist zudem immer eine Frage der Perspektive – und des Umgehens damit. Manche schauen verächtlich auf andere herunter, die sich weniger leisten können. Solche Leute mögen Geld haben – es sind doch Kretins. Manche wiederum vergehen vor Neid, weil andere mehr haben als sie selbst. Wie wollen die sich in der »besseren Gesellschaft« unangestrengt benehmen? Stellen Sie sich vor, Sie haben einmal im Leben die Chance, in einem Bentley zu sitzen: die Materialien, die Präzision der Verarbeitung, das ganze Ambiente – ein Fest für die Sinne. Nun wissen Sie, dass Sie nie so ein Auto kaufen werden. Aber auch ohne es besitzen zu müssen, können Sie es schätzen. Mit einem Restaurantbesuch ist es so ähnlich – und der ist im Vergleich sogar erschwinglich.

Ihre Regeln basieren auf einem tradierten Geschlechterbild: Der Herr ist der Kavalier, der Beschützer der Dame. Da schütteln sich nicht nur Feministinnen.

Lassen Sie mich doch altmodisch sein! Wenn ich mit meiner Schwiegertochter am Tisch sitze und sie sich erhebt, dann stehe ich auf. Selbstverständlich stehe ich auf. Und wenn ich sie – knapp dreißig Jahre alt – dann anschaue, stelle ich fest: Sie hat es wahrgenommen, und sie freut sich über die kleine Geste des Respekts. Es schadet niemandem, wenn ich einer Dame die Tür aufhalte und ihr den Vortritt lasse. Bin ich deswegen ein Sexist? Stört es die Tischpartnerin, wenn der Herr sie zuerst bestellen lässt? Wenn eine Mehrheit das so sähe, müsste ich sagen: In einer solchen Welt bin ich falsch. Als Gastgeber wäre ich am Ende – und es gäbe dann eben kein Restaurant mehr wie unseres.

Muss sich die Gleichberechtigung der Geschlechter denn nicht auch in Ihrem Kosmos dokumentieren?
Ich halte die Frauen für gleichberechtigt, absolut. Und ich weigere mich, die Umgangsformen der alten Schule als Ausdruck einer Abwertung der Frauen zu sehen. Im Gegenteil. Die sogenannten modernen Paare können es miteinander halten, wie sie möchten. Nur wenn man mich – bezogen auf die Gastronomie – fragt, wie »man das macht«, dann sage ich: So macht man das.

Und was gilt für Menschen, die aus Ihrem heteronormativen Mann-Frau-Rahmen fallen? Schwule, Lesben, Queere? Machen die etwa um Ihr Lokal einen Bogen?
Natürlich nicht. Wir haben viele queere Gäste. Schwule oder lesbische Paare machen unter sich aus, wie sie die klassischen Regeln für sich adaptieren – und danach richte ich mich. Ich fahre aber zugleich eine Antenne aus für das kommunikative Gefälle oder Ungleichgewicht, das es auch in gleichgeschlechtlichen Paarbeziehungen gibt. Wir haben zum Beispiel einen schwulen Freund, der gern das große Wort führt. Wenn der hier

zu zweit im Restaurant sitzt, dann frage ich bei der Bestellung zuerst seinen Mann.

Die »alte Schule«, neu praktiziert?
Wir sind seit vierzig Jahren in Köln. Was man hier lernen kann, ist Toleranz. Die Dinge nicht gar so verkniffen sehen, locker bleiben, die Menschen gern haben, so wie sie sind. Das steht als Artikel eins des richtigen Benehmens auch über allem, was in diesem Buch sonst noch zu lesen ist. Bleiben Sie gelassen! Seien Sie gut zu sich und zu den anderen! Und genießen Sie den Moment!

L'ENTRÉE

Das Vorspiel

EINLADUNG

Formvollendet oder eher locker – auf den Anlass kommt es an.

Man unterscheidet grundsätzlich zwischen der förmlichen und der informellen Einladung. Nehmen wir an, Sie möchten aus beruflichen oder repräsentativen Gründen eine Reihe von Personen zu einem Essen einladen. Dann ist das ein förmlicher Anlass. Dafür wählen Sie unbedingt die Schriftform, genauer gesagt: eine gedruckte Einladungskarte, die man als »Karton« bezeichnet. Eine lediglich telefonische Anfrage oder eine E-Mail unterlaufen die Gepflogenheiten und Erwartungen, die an einen solchen Anlass geknüpft werden. Jeder kleine Fehler führt in Kreisen, »die etwas auf sich halten«, unweigerlich zu Absagen. Formverstöße werden bestraft.

Eine der ungeschriebenen »Pariser Regeln« besagt, dass man die Einladung etwa drei Wochen vor dem Termin verschicken sollte. Vielleicht denken Sie jetzt: Ist das nicht viel zu spät? Da sind die Leute doch längst verplant! Ich halte dem entgegen: Wenn Sie früher einladen, kommt einem nicht unerheblichen Teil der Gäste bestimmt was dazwischen.

Auf den Karton gehören Name und Funktion des Gastgebers, gegebenenfalls auch mit dem Logo oder Signet der Institution, die Sie bei der Einladung vertreten. Das wirkt zugleich offiziell und edel. Ihre Wunschgäste schreiben Sie mit vollem Namen und (akademischen) Titeln an, auch wenn Sie die Betreffenden persönlich kennen, gar mit ihnen per Du sind.

Sodann nennen Sie Sujet und Anlass der Einladung: Sektempfang, Cocktail-Abend, Dinner ... »zur Feier des ... / zu Ehren von ...«. Im nächsten Schritt geben Sie Ort und Zeit des Treffens an. Empfänge, die nicht den ganzen Abend beanspruchen sollen, waren früher für zwei Stunden angesetzt, gern zwischen 17.30 Uhr und 19.30 Uhr. Das hat sich mittlerweile – die Leute arbeiten länger – nach hinten verschoben. Ein Termin von 19 Uhr bis 21 Uhr ist heutzutage ganz normal.

Als Letztes ist die Angabe des Dresscodes angezeigt. Es ist für Ihre Gäste wichtig zu wissen, ob sie in Jeans und Pullover kommen können oder ob Anzug und Kleid oder Kostüm erwartet werden. Ich bin selbst einmal voll auf die Nase gefallen, als der frühere Präsident der Kölner Anwaltskammer meine Frau Liliane und mich zu einem Treffen am frühen Abend in ein Brauhaus eingeladen hat. Mündlich, wohlgemerkt. »Kommen Sie einfach so«, hatte er noch gesagt. Es war ein heißer Juni-Tag, 34 Grad im Schatten. Folglich hatte ich Leinen-Bermudas an, ein gelbes T-Shirt und Latschen, Liliane trug ein leichtes Sommerkleid. Schon beim Eintreffen hatten wir das Gefühl: Hier stimmt was nicht. Wir gingen also in die erste Etage und trafen – auf lauter Smokingträger. Für den sofortigen Rückzug war es zu spät, weil der Gastgeber mich schon erspäht hatte und herzlich begrüßte. Außer in Albträumen habe ich mich in meinem ganzen Leben nicht so unwohl gefühlt, und natürlich haben wir bei erstbester Gelegenheit die Flucht ergriffen.

Manche Ratgeber unterscheiden bis zu zehn Dresscodes, die heutzutage meistens in Englisch angegeben sind.

»Casual« bedeutet Freizeitkleidung, aber weder Strand-Outfit noch Sportdress.

Bei »Business Casual« sollten die Männer zu einem Hemd und passenden Hosen greifen, die Frauen zu Wohlfühlmode: Bluse, Pullover, Rock, Stoffhose.

Etwas formeller geht es – wie der Name schon sagt – bei »Business Formal« oder »Business« zu. Man(n) trägt dunklen Anzug und Krawatte, frau ein schickes Kostüm, ein halblanges Kleid oder einen Hosenanzug.

»Informal« in Verbindung mit Abendveranstaltungen meint verwirrenderweise sehr wohl eine formelle Kleidung, die sich im Grunde nicht vom »Business«-Dresscode unterscheidet: dunkler Anzug für Herren, elegantes, halblanges Kleid für Damen.

In den hocheleganten und hochoffiziellen Bereich der Abendgarderobe gehen die Bezeichnungen »Black Tie« (Smoking, langes Abendkleid) oder »White Tie« (Frack, langes Abendkleid).

Wenn Sie eine Einladung erhalten, antworten Sie bis zum angegebenen Stichtag. Oft liegt der Einladungskarte ein entsprechender Vordruck bei. Den füllen Sie handschriftlich aus, unterschreiben und datieren ihn aber nicht. Wenn Sie absagen, macht der zusätzliche Vermerk eines Grunds immer einen verbindlichen Eindruck: Sie lassen Bedauern erkennen, dass Sie der Einladung nicht folgen können.

Ich hoffe, Sie kommen vor lauter Vorschriften nicht ins Schwitzen. Die Hauptsache ist, dass Sie die Vorgaben der Gastgeber registrieren und sich darauf einstellen – damit Sie nicht so dumm dastehen wie ich in meinen Bermudas.

Mit informellen Einladungen tun sich alle etwas leichter. Schon die Einladungsfrist kann kürzer sein – eine Woche reicht. Nach Gefühl können Sie sich und Ihren Gästen aber auch etwas mehr Vorlauf gönnen.

In einer schriftlichen Einladung stehen natürlich der Name des Gasts sowie der Anlass und der Rahmen – wie gesagt: Sekt-Empfang, Mittag- oder Abendessen und so weiter. Der Text darf ruhig verbindlicher sein: »Ich würde mich sehr freuen, wenn Sie ... kommen würden.«

Antworten können Sie auf eine informelle Einladung wiederum mit einem Brief. Aber auch ein Telefonanruf, eine Mail oder eine Textnachricht sind erlaubt.

EMPFANG (UND VERABSCHIEDUNG) DER GÄSTE

Es ist ein schönes Gefühl, willkommen zu sein.

Haben Sie in ein Restaurant eingeladen, zum Beispiel zu einem Empfang oder einem Dinner in einem separierten Raum, dann sollten Sie sich vor Beginn in der Nähe des Eingangs aufhalten, um Ihre Gäste zu begrüßen. Als Paar können Sie zu zweit dort stehen – oder aber als Gastgeber allein, während die Partnerin sich den Gästen widmet, die bereits eingetroffen sind. Mit dem Willkommen direkt an der Tür zeigen Sie: Sie sind an jedem und jeder Ankommenden interessiert und gehen nicht schon in die Konversation mit den bereits Anwesenden. Für Ihre Gäste ist es ein schönes Gefühl, erwartet und in Empfang genommen zu werden.

Wenn Sie umgekehrt als Gast beim Eintreffen den oder die Gastgeber aus irgendwelchen Gründen nicht vorfinden, suchen Sie ihn oder sie und nehmen Sie zuerst Kontakt mit ihnen auf, bevor Sie sich anderen Gästen zuwenden. »Gastgeber zuerst« gilt bei der Begrüßung natürlich erst recht für kleinere Runden, etwa bei einem Essen im Restaurant.

Das gleiche Spiel am Schluss: Wenn Sie sich bei einem Empfang oder aus einer größeren Runde früher verabschieden, machen Sie sich nicht einfach aus dem Staub, sondern geben Sie Ihren Gastgebern kurz Bescheid: »Es war sehr schön, aber wir müssen leider gehen.« Eine plausible Begründung – meine Frau und ich haben, solange es ging, immer den Babysitter bemüht – ist eine freundliche Geste.

Zum offiziellen Ende eines Empfangs verabschieden die Gastgeber die Teilnehmenden. Die Gastgeberin sollte dazu in der Nähe der ersten erreichbaren Tür der Lokalität stehen, in dem die Veranstaltung stattgefunden hat. Waren Sie zum Beispiel im Nebenraum eines Hotelrestaurants, ist die Tür zu diesem Zimmer gemeint. Der Gastgeber kann seine Gäste auch noch bis zum Hauptausgang begleiten. Ich persönlich gehe sogar immer mit bis zum Taxi, wenn die Gäste eines bestellt haben. Aber das ist vielleicht auch eine Kneipier-Marotte – und hat natürlich nur Sinn, wenn nicht alle Gäste gleichzeitig aufbrechen. Die Verabschiedung ist ja kein Zickzack-Rennen.

HUNDE IM RESTAURANT

Ich liebe Hunde. Sie sind wesentlich unkomplizierter als Menschen. Aber dass Leute anderen ihre Vorlieben aufdrängen, kann ich nicht leiden.

Die Frage »Dürfen wir unseren Hund mitbringen?« höre ich bei Reservierungen oft. Standardantwort ohne Wenn und Aber: einen kleinen Hund ja, sonst nein. Schon das gefällt nicht allen. Warum ich so restriktiv sei, wollen manche mit einer gewissen Gereiztheit in der Stimme wissen. Ganz einfach, sage ich dann: Weil der Platz beschränkt ist und es Menschen gibt, die Hunde im Restaurant nicht mögen.

Tatsächlich kenne ich viele Gäste, unter ihnen sogar welche mit eigenem Hund, die sich schon bei dem Gedanken daran schütteln, dass neben ihnen unter dem Tisch ein Dobermann, Dalmatiner, Golden Retriever oder ein sonstiges Prachtexemplar der weitverzweigten Spezies *Canis lupus* hechelt und sabbert. Zudem weiß jeder, wie unangenehm Hunde aus dem Maul oder nach einem Regenguss riechen können. Wenn sich der Liebling dann im Restaurant als Erstes ordentlich schüttelt, steht direkt eine stinkende Wolke im Raum. Wer will das haben? Ich behaupte: Niemand.

Ein Restaurant ist ein Flugzeug. Die Gäste sind die Passagiere, die vom Start bis zur Landung auf Gedeih und Verderb zusammengepfercht sind. Der Wirt ist der

Flugkapitän, der bis zum Aussteigen am Ziel für das Wohlbefinden aller an Bord verantwortlich ist. Deshalb kommen mir große Hunde nicht in die Kabine – respektive in die Gaststube.

Für die Gäste mit den kleinen Hunden bemühen wir uns gleichwohl, einen Platz zu finden, an dem das Tier möglichst niemanden stört, aber auch selbst nicht befürchten muss, dass man ihm versehentlich auf den Schwanz tritt. Damit diese Platzierung reibungslos funktioniert, rate ich dazu, den vierbeinigen Begleiter unbedingt schon bei der Reservierung zu erwähnen und auch zu sagen, um was für einen Hund es sich handelt (siehe oben).

Auch aus Sicht der Hundebesitzer sollte es in erster Linie um Rücksicht gehen, nicht auf den Hund, nicht auf Herrchen oder Frauchen – sondern auf das allseitige Wohlfühlen in der Zweckgemeinschaft von Restaurantbesuchern, die zufällig an einem bestimmten Tag zu einer bestimmten Zeit an einem bestimmten Ort zusammentreffen.

Leider sehen das nicht alle so. Ein berühmter Gastrokritiker, nennen wir ihn »Herrn L.« wie »Lukullus«, hat in einer seiner berühmt-berüchtigten Rezensionen einmal ein Lokal förmlich in der Luft zerfetzt, das ich ihm vorher eigens empfohlen hatte, weil ich die von ihm besuchte Region gut kenne und das besagte Restaurant mag. Die Wirtin ist zwar immer ein bisschen – na ja – kurz angebunden; bei ihr geht es zack, zack. Aber das ist nach meinem Dafürhalten völlig okay.

Zu meiner Überraschung erschien ein paar Wochen nach Herrn L.s Besuch in dem Lokal ein Artikel darüber, ein Verriss allererster Ordnung. So etwas Vernichtendes habe ich wirklich selten gelesen. Ich war natürlich stinksauer: Da fragt dieser L. mich, wohin er privat gehen könne, wenn er in die Gegend komme – und dann macht er öffentlich ein Riesending daraus, dass es ihm nicht gefallen hat. Was sollte das?

Nun, ein Dreivierteljahr später war ich mit der Familie selbst wieder einmal in dem Lokal: mit meiner Mutter, meiner Frau, meiner Tochter, meinem Bruder und seiner Frau. Die Schwägerin hatte einen kleinen Hund dabei – ein ganz friedliches Tier, tut wirklich nichts. Wir saßen auf der Terrasse, wunderschön zwischen Geranien, wir aßen, wir tranken. Irgendwann hob meine Schwägerin ihren Hund auf ihren Schoß. Mit einem Mal raste die Wirtin auf sie zu und fuhr sie an: »Den Hund unter den Tisch!« Die Frau, das war offensichtlich, hat ein Problem mit Hunden.

Allesamt waren wir ein bisschen perplex. Ich aber habe meiner Frau tief in die Augen geschaut und gesagt: »Liliane, jetzt weiß ich, was mit dem L. los war. Seine Frau hat überall, wo sie hingehen, ihren Hund dabei, und auch sie nimmt ihn gern mal auf den Schoß. Dafür hat sie sich bestimmt einen Anpfiff eingefangen. Und das – hat ihrem Gatten gar nicht gefallen.« Sein Verriss war die Rache des Gastrokritikers für die Hundephobie der Gastronomin.

Vielleicht verstehen Sie jetzt noch besser, warum ich sage: Liebe deinen Hund, aber nimm Rücksicht auf deine Mitmenschen – und schone die Nerven des Kneipiers.

RESERVIERUNG

Frühzeitige Reservierungen sind eine feine Sache. Wie Sie sich und dem Restaurant das Leben leichter machen.

Sobald Sie wissen, wann Sie ausgehen wollen und wen Sie dabeihaben, rufen Sie im Restaurant an, schicken Sie eine Mail oder nutzen Sie die Online-Reservierungstools, die immer mehr Verbreitung finden. Reservierungen auf Verdacht sind natürlich eine große Versuchung. Aber es wird Sie nicht überraschen zu erfahren, dass wir Gastronomen keinen großen Spaß an dieser Praxis haben.

Vor der Bestellung eines Tischs sollten Sie sich überlegen, welche Informationen für das Restaurant wichtig sind: Wir feiern Geburtstag. Es ist unser Hochzeitstag. Wir haben Betriebsjubiläum. Frau A hört auf dem linken Ohr schlecht. Herr B bringt seinen kleinen Hund mit. Das Ehepaar C isst vegetarisch. Und Freund D trinkt grundsätzlich keinen Rotwein. Wer meine Art kennt, mit den Gästen zu kommunizieren, kommt mir manchmal sogar mit Details wie: Herr E ist ein bisschen schwierig, er hat immer an allem etwas auszusetzen. Oder: Frau F ist eine exzellente Weinkennerin und liebt das Fachsimpeln. Auf so etwas stelle ich mich dann von vornherein ein, und ich verrate Ihnen mal was: Gerade die vermeintlich komplizierten Gäste erweisen sich bei passender Behandlung als äußerst umgänglich und geschmeidig.

Eine sensible Situation, die wir Gastronomen häufiger erleben, ist die frühe Phase einer Schwangerschaft: Die werdenden Eltern wissen schon davon, wollen aber noch nicht darüber sprechen. Wenn ich das vorher gesagt bekomme, kann ich den Service und die Küche diskret briefen: Das Steak zum Beispiel wird dann ohne weitere Diskussion umstandslos durchgebraten. So vermeidet man auf simple Weise jedes unnötige Aufsehen.

Über Gäste, die wiederholt zu uns kommen, haben wir mit den Jahren einen eigenen Erfahrungsschatz gesammelt, den wir schon bei der Reservierung abrufen können. Wir wissen so über Gewohnheiten, Vorlieben oder Abneigungen manchmal mehr, als es den Gästen selbst spontan in den Sinn käme.

Solche Auskünfte vorher dem Wirt zu geben, wirkt also nicht etwa aufdringlich oder lästig. Im Gegenteil: Sie selbst dokumentieren damit den Wunsch, Ihren Gästen den Restaurantbesuch so angenehm wie möglich zu machen, und zugleich helfen Sie dem Service bei der Vorbereitung und Gestaltung des Abends.

Sollte sich zwischen der Reservierung und dem festgelegten Termin etwas ändern, zögern Sie nicht, dem Restaurant Bescheid zu geben. Die aktualisierten Informationen werden den Wirtsleuten hochwillkommen sein – das ist jedenfalls besser, als sie damit erst ad hoc, beim Eintreffen im Lokal, zu konfrontieren.

In einer größeren Runde ist es am Tisch Ihr Part, dem wichtigsten Gast den besten Platz zu geben. Ab Seite 52 erkläre ich Ihnen die richtige Sitzordnung.

Wenn Sie selbst eingeladen sind, widerstehen Sie dem Impuls eines Mitbringsels. Ihr Blumenstrauß für die Gastgeberin mag noch so schön und gut gemeint sein – aber wohin mit dem Teil? Auf dem Tisch hat er nichts zu suchen. Irgendwo im Lokal deponiert, steht er unbeachtet den ganzen Abend lang herum und wird am Ende – ich spreche aus Erfahrung – gern vergessen.

Wenn Sie ein Zeichen des Dankes setzen wollen und die Beziehung zu den Gastgebern danach ist, dann lassen Sie ihnen am Tag der Einladung oder auch am Tag danach vom Blumenladen Ihres Vertrauens einen Strauß nach Hause schicken, begleitet von einigen persönlichen Zeilen. Das hat Klasse, das hat Stil, und Ihre Gastgeber werden Sie dafür noch mehr schätzen als ohnehin schon.

STORNIERUNG

Bei allem Verständnis für die Wechselfälle des Lebens: No-Show ist ein No-Go.

In der besten aller Welten ist die Tischreservierung in einem Restaurant für alle Beteiligten ein Teil der Vorfreude. Der Gast freut sich auf einen schönen Abend, der Kneipier auf die Bewirtung und ein gut ausgelastetes Lokal.

Im richtigen Leben aber haben Gedankenlosigkeit und Dreistigkeit dazu geführt, dass wir Barrieren zwischen Reservierung und Restaurantbesuch errichten mussten. Auch wenn unsere Branche keine einheitliche Linie verfolgt. Damit Sie sich eine Vorstellung machen können, schildere ich Ihnen unsere Situation: Wir hatten noch vor drei Jahren bis zu 60 Plätze pro Woche, die kurzfristig oder gar nicht abgesagt wurden. Bei einem Lokal unserer Größe mit 18 Tischen ist das beim besten Willen nicht zu verkraften: Wir sind gezwungen, Ware wegzuwerfen. Wir haben Umsatzausfälle. Und vor allem müssen wir Gästen absagen, die wir sonst hätten bewirten können.

Es kommt vor, dass große Firmen zur Messezeit in vier Restaurants parallel einen Achtertisch für wichtige Geschäftspartner bestellen und sie dann entscheiden lassen: Möchten Sie vielleicht italienisch, französisch, japanisch oder regional essen gehen? In drei der vier

Lokale bleibt an diesem Abend dann ein Achtertisch frei – ohne Absage …

Gegen solche Ungezogenheiten haben wir uns inzwischen gewappnet. Erstens nehmen wir Reservierungen nur noch zwei Monate im Voraus an, damit nicht auf Verdacht schon im Januar der Tisch für die Adventsfeier gebucht wird. Zweitens haben wir auf Online-Buchung umgestellt, damit wir etwas Schriftliches in der Hand haben. Drittens rufen wir ein, zwei Tage vor dem gebuchten Termin an, um an die Reservierung zu erinnern. Und viertens lassen wir uns von Gästen, die wir nicht kennen, oder bei der Bestellung einer großen Anzahl von Plätzen eine Kreditkartennummer als Garantie nennen.

Über die ultimative Waffe reden viele Wirte ungern, obwohl fast alle sie nutzen: die schwarze Liste. Darauf stehen Namen von Gästen, die wiederholt nicht erschienen sind. Die können dann auch keine Online-Buchung mehr vornehmen, und wenn sie unter anderem Namen reservieren, haben sie spätestens beim Betreten des Lokals ein Problem.

Wenn Sie mich jetzt fragen, ob wir bei Nichterscheinen – neudeutsch: »No-Show« – tatsächlich die Kreditkarte mit einer Ausfallgebühr belasten, antworte ich salomonisch: Die allgemeinen Geschäftsbedingungen geben uns die Möglichkeit dazu. Einerseits. Andererseits sind wir kein Inkassobüro, sondern ein Restaurant, und wir haben Verständnis für die Wechselfälle des Lebens. Aber eine Absage der Gäste ist dann doch das Mindeste, was man erwarten darf. Wenn nicht aus reiner Höflichkeit, so doch mit dem Gedanken, dass es vielleicht eine Warteliste gibt.

Es soll übrigens auch den umgekehrten Fall geben: Ein Restaurant sagt seinen Gästen einen reservierten und bestätigten Tisch ab. Da gilt das Gleiche: Geht gar nicht! Wenn so etwas passiert, hat es meistens damit zu tun, dass der Wirt einen besonders wichtigen Gast kurzfristig nicht enttäuschen will. Aber das darf nicht auf Kosten Dritter gehen. Da wäre dann ein Gratis-Essen für diejenigen angesagt, die das Nachsehen haben. Zu deren Wunschtermin, versteht sich. Da bin ich dann doch wieder zurück in der besten aller Welten: Wer ins Restaurant geht, soll sich wohlfühlen. Und wer ein Restaurant betreibt, dem soll es genauso sehr um das Wohlgefühl seiner Gäste gehen wie um das eigene.

TISCHAUSWAHL

Den »besten Platz« gibt es nicht, schon gar nicht als Anrecht. Über Wünsche kann man sprechen.

Es gibt bei der Reservierung einen Moment, von dem ich immer sage: »Gift ohne Ende« oder »vermintes Gelände«. Das ist der Versuch, sich als Gast einen ganz bestimmten Tisch geben zu lassen.

Natürlich gibt es in Restaurants die Filetplätze: mit Panoramablick, abseits der Laufwege, in einem stillen Eck. Wer das weiß und schätzt, darf selbstverständlich seine Wünsche äußern. Wenn Sie mit einem Geschäftspartner ein eher vertrauliches Gespräch führen möchten oder aus anderen Gründen ein ruhiges Plätzchen suchen – sagen Sie es, erklären Sie sich! Aber bitte nicht fordernd. »Ich nehme nur einen Ecktisch« oder gar »meinen Stammplatz« – Sie können sicher sein, dass Sie damit sofort unten durch sind, und sollten sich nicht wundern, wenn die Auskunft lautet: »Tut uns leid, wir sind ausgebucht.« Einem Gast, der nach »seinem Tisch« fragte, habe ich mal geantwortet: »Ihr Tisch? Soweit ich weiß, ist das immer noch meiner, und was soll ich Ihnen sagen – der ist nicht frei.«

Wenn Sie dagegen etwas sagen wie: »Ich habe ein wichtiges Geschäftsessen – wären Sie so nett, das zu berücksichtigen?«, dann haben Sie mein Ehrenwort: Ein gutes Restaurant wird alles dafür tun, dass Sie Ihre

Ruhe haben. Gleichermaßen sensibel wird man sein, wenn Sie bei der Reservierung ein etwaiges Handicap erwähnen: »Meine Frau ist gehbehindert. Hätten Sie einen Tisch in der Nähe des Eingangs?« Oder: »Einer meiner Gäste hört auf dem rechten Ohr schlecht und freut sich, wenn ein Tischpartner links von ihm sitzt.« Auch da dürfen Sie sicher sein, dass Sie – wenn irgend möglich – Gehör finden.

Umgekehrt arbeiten wir nicht mit Plätzen »erster Klasse« oder »zweiter Klasse« oder gar mit Strafbänken, sondern vergeben die Tische nach dem jeweiligen Stand der Reservierungen. Wir sichern nie einen Tisch zu und behalten uns zudem immer Änderungen vor, wozu es leicht kommen kann, wenn wir die Tische für eine größere Gruppe umstellen müssen.

Eine Besonderheit ist der sogenannte Stammtisch am Kopf unseres Lokals aus einer rohen Holzplatte, die nicht eigens eingedeckt ist. Manche Gäste finden das befremdlich, andere mögen es, zumal sie dort etwas mehr Ruhe haben als an einem Tisch mitten im Lokal. Gelegentlich fragen mich Gäste: »Was muss man tun, um an Ihren Stammtisch zu kommen?« Ganz einfach: bei der Reservierung fragen, ob er verfügbar ist.

ANKOMMEN

Das Betreten des Lokals ist eine Bewährungsprobe für den galanten, gut erzogenen Mann von heute.

Betrachten Sie den ersten Schritt in das Lokal Ihrer Wahl als eine großartige Inszenierung. Sie kommen von einer vielleicht schäbigen Straße, womöglich ist es kalt oder es regnet. Sie öffnen die Tür – und sind in einem anderen Universum. Je nach Lage des Eingangs und der Beschaffenheit des Restaurants richten sich, wie bei einer Theaterbühne, die Blicke der anderen Gäste auf Sie: »Oh, wer kommt denn da herein?« Klar, dass Sie nicht abschätzig gemustert werden wollen.

»Selbstbewusstsein« heißt die Devise. Oft aber nehme ich ein Moment der Peinlichkeit bei den Neuankömmlingen wahr, besonders bei Männern. Die wissen plötzlich nicht mehr, wohin mit ihren Händen. Sie greifen nach dem Arm ihrer Begleiterin, oder sie schauen etwas ziellos in die Runde. Nehmen Sie es also als Bewährungsprobe für den galanten, gut erzogenen Mann von heute: Gehen Sie – wie es immer war – voran! Öffnen Sie vor Ihrer Begleitung die Tür, und bahnen Sie ihr den Weg.

Sie sind es dann auch, der das Wort ergreift. Überlassen Sie es nicht Ihrer Begleitung, das Servicepersonal anzusprechen und nach Ihrer Reservierung oder nach einem freien Tisch zu fragen. Das ist nämlich Ihre

Verantwortung. Seien Sie entspannt, setzen Sie ein freundliches Lächeln auf – und man wird Ihnen, bildlich gesprochen, den roten Teppich ausrollen. Es gibt immer wieder Gäste, die sehen aus, als hätten sie eigens einen Schluck Essig zu sich genommen, um nur ja säuerlich dreinzuschauen. Das registriert die geschulte Servicekraft sofort, auch wenn sie es sich nicht anmerken lassen wird. Aber wenn Sie einen anderen Tisch haben möchten als den für Sie vorgesehenen, dann macht die Atmosphäre, in der diese Frage geklärt wird, schon einen Unterschied.

Beim Hereinkommen wartet der Gast in der Regel, bis er in Empfang genommen und an den Tisch begleitet wird oder man ihm seinen Platz zeigt. Versuchen Sie, direkt Blickkontakt mit einem Kellner oder einer Kellnerin aufzunehmen.

Nun kann es passieren, dass sich nicht gleich jemand um Sie kümmert und Sie das Gefühl bekommen, ignoriert zu werden. Das ist natürlich unangenehm, und es gibt keinen Grund, sich das gefallen lassen zu müssen. Wenn Sie sich aber nicht gleich geschlagen geben und das Restaurant wieder verlassen wollen, dann gehen Sie auf jemanden zu, der aussieht, als wäre er oder sie zuständig, und sagen Sie klipp und klar: »Ich habe das Gefühl, wir stören. Sollten wir besser morgen wiederkommen?« Darauf werden Sie ganz automatisch eine Reaktion erhalten – im Idealfall eine höfliche Entschuldigung.

Sollte die Antwort wider Erwarten patzig ausfallen, dann ist das ein Indiz dafür, dass Sie in dem Lokal mit Ihrem Wunsch nach einem schönen Abend fehl am Platz sind. Dazu möchte ich Ihnen eine Geschichte erzählen, die der Schauspieler Axel Prahl erlebt hat. In seinem Wohnort am Rand von Berlin gibt es nur eine Bäckerei mit einer Verkäuferin, die – wie Prahl feststellte – niemals lacht. Irgendwann hat er sie gefragt, ob das ein Prinzip sei oder ob es auch Tage gebe, an denen sie eine Ausnahme mache. Ihre Antwort: »Ick verkoofe keene Freundlichkeit, ick verkoofe Brot.« Ich würde sagen: Det is Berliner Humor!

GARDEROBE

Mäntel, Umhänge, Hüte und Taschen haben am Tisch nichts verloren.

Vielerorts ist es zur Gewohnheit geworden, Kleidungsstücke über die Stuhllehne zu hängen. Eine unschöne Gewohnheit, oder um es noch deutlicher zu sagen: eine Unsitte. Mäntel, Umhänge, Hüte, Taschen – all das hat am Tisch nichts zu suchen, sondern gehört auf einen Kleiderbügel und in die Garderobe, zumindest wenn Sie ins Restaurant gehen und sich dort benehmen möchten, *»comme il faut«*, also wie es sich gehört. Im Brauhaus würde ich ein Auge zudrücken.

Gelegentlich sind die Gäste ein wenig besorgt und sagen, sie behielten ihren feinen Zwirn lieber bei sich. Aber erstens würde ich sagen: Wenn die Angst um das gute Stück so groß ist, dann sollte man Orte meiden, an denen man es ausziehen muss. Manche Menschen neigen da wirklich zur Übertreibung. Die leiden sozusagen mit ihrem Mantel. Ich habe es schon erlebt, dass Gäste einen eigenen Kleiderbügel mitgebracht haben, damit der teure Überzieher nur ja nicht schief hängt – oder gar nur am Mantelhaken. Zweitens kann ich ängstliche Gäste beruhigen: In mehr als dreißig Jahren ist bei uns noch nie etwas weggekommen. Zumindest nicht gestohlen. Vertauscht – ja, das passiert, und wer etwas anderes behauptet, der lügt.

Die aufregendste Geschichte habe ich mit dem Literaturkritiker Denis Scheck erlebt. Er kam von einer Reise direkt zu uns ins Restaurant für ein Abendessen mit der Familie. Ich nahm ihm seinen Mantel und sein Lederköfferchen ab. Als er beides wiederhaben wollte, stellten wir fest: Ein Gast hatte Schecks Koffer mitgenommen und seinen stehen gelassen. »Oh«, sagte Denis

Scheck, »das ist jetzt ein bisschen dumm: Ich muss morgen früh um halb sieben nach Düsseldorf für die TV-Aufzeichnung einer Buchbesprechung. Und alles, was ich dafür brauche, ist in dem Koffer.« – »Keine Sorge!«, antwortete ich. »Ich garantiere Ihnen: Wenn Sie morgen das Haus verlassen, steht der Koffer vor Ihrer Tür.« Keine Ahnung, wie ich mich zu diesem Versprechen hinreißen lassen konnte.

Jedenfalls war mir die Sache sehr peinlich. Ich habe die halbe Nacht hinter jedem Gast hertelefoniert, der für die Verwechslung infrage kam, und siehe da: Irgendwann hatte ich den Richtigen. Also dann: ein Taxi hinschicken, Koffer abholen und zu Denis Scheck bringen lassen. Geschafft!

Um solche und ähnliche Aufregungen zu vermeiden, ein naheliegender Tipp: Nehmen Sie Handy, Schlüssel, Portemonnaie und andere Wertsachen immer aus dem Mantel, bevor Sie ihn an die Garderobe bringen.

Jackett oder Blazer behält man üblicherweise während des gesamten Essens an. Auch das gehört zum »guten Stil«. Aber wenn es unter den Gästen und im Restaurant ungezwungen zugeht und Sie dann das Sakko locker über Ihre Stuhllehne hängen, wird man Ihnen diese kleine (Nach-)Lässigkeit ohne Weiteres verzeihen. Die Zeiten, in denen der Oberkellner näselnd auf der Jackettpflicht bestand und Restaurants für alle Fälle ein paar Jacketts in diversen Größen im Schrank hängen hatten, sind sogar in der Luxusklasse vorbei.

WARTEZEITEN ÜBERBRÜCKEN

Melden Sie sich, wenn Sie das Gefühl haben, Sie seien vergessen worden – und zwar, bevor Sie vor Zorn platzen.

Wenn Sie im Restaurant einen Tisch reserviert haben, gebietet es die – Ihnen gewiss von Natur aus gegebene – Höflichkeit, zur vereinbarten Zeit einzutreffen. Da es immer passieren kann, dass Sie zu spät aus dem Büro oder von zu Hause aufgebrochen sind, im Stau stehen oder noch auf den Bus warten müssen, empfiehlt es sich, Verzögerungen von mehr als einer Viertelstunde mitzuteilen. Manche gut frequentierten Lokale geben nämlich die Tische, die nach einer bestimmten Wartefrist nicht besetzt sind, für andere Gäste frei. Umgekehrt kann es vorkommen, dass Sie pünktlich an Ort und Stelle sind, Ihr Tisch aber noch besetzt ist. Das spricht entweder für die Gastlichkeit des Hauses oder für das Sitzfleisch der Gäste.

Für den Wirt ist das eine unangenehme Situation. Klar ist: Er muss seine Belegungen im Griff haben. Sie haben mit ihm, wenn Sie so wollen, eine Vereinbarung, an die er sich halten sollte – im Zweifel mit sanftem Drängen jener, die nicht gehen wollen.

Ich empfehle: erst mal locker bleiben. Geben Sie dem Service und Ihren Vorgängern eine Viertelstunde, bis der für Sie vorgesehene Tisch frei wird. Dauert es länger, wäre es angebracht, dass der Wirt Ihnen am Tresen ein Getränk auf Kosten des Hauses serviert, vielleicht auch Kanapees oder andere Kleinigkeiten. Sie können sich dann aber auch schon mal die Speisekarte bringen lassen, um mit der Auswahl die Wartezeit zu überbrücken.

Warten – das ist ohnehin ein Reizwort. Für die Gäste, aber auch für den Wirt. Sie ahnen gar nicht, wie oft man als Gastronom Katastrophenalarm auslösen und zum Krisenmanager werden muss. Da kommen die Gäste früher als angekündigt. Oder sie treffen gleich reihenweise zur selben Zeit ein. Schon steht der Service unter Strom. Die Bestellungen wollen aufgenommen und bearbeitet werden. Zügig, aber bitte nicht hektisch! Hochspannung beim Service, während Sie als Gast tiefenentspannt dasitzen, sich unterhalten, auf Ihr Essen warten ... und warten und warten.

Irgendwann werden Sie erst aufmerksam, dann ungeduldig oder gar ungehalten: Die Leute da am Nebentisch – die sind doch viel später gekommen. Jetzt haben die schon ihre Vorspeise und wir nicht. Skandal!

Aber was tun? Erster Schritt: Verstehen, wie der Service im Restaurant funktioniert. Tatsächlich konzentrieren sich Engpässe und die dadurch entstehenden Wartezeiten auf den Beginn des Abends mit den Vorspeisen. Sind die erst mal raus, kann die Küche die nächsten Gänge ganz anders planen, und die zeitlichen Abläufe normalisieren sich in aller Regel recht schnell.

Bis dahin muss man sich als Wirt auf die Philosophie des Priorisierens verstehen. Anders gesagt: Man braucht ein Auge oder einen sechsten Sinn dafür, welcher Gast womöglich etwas länger warten kann, etwas mehr Geduld hat als ein anderer. Fühlen Sie sich also nicht direkt gering geschätzt oder vernachlässigt, wenn Sie am Nebentisch schon Gäste essen sehen. Kann sein, dass die à la carte essen, während Sie sich für ein Menü entschieden haben. Kann sein, dass die Vorspeise am Nebentisch kalt und damit schneller servierbereit ist als Ihre warme Vorspeise. Kann sein, dass die Gäste neben Ihnen schon mit der Ankündigung eingetroffen sind, sie müssten um halb zehn durch die Tür sein – *power eating* wie im 7er-BMW auf der Überholspur –, während Sie sich doch von vornherein auf einen geruhsamen, langen, genießerischen Abend eingerichtet haben.

Trotz alledem kann einem die Warterei irgendwann unangenehm werden. Geben Sie ein Zeichen, wenn Sie das Gefühl haben, Sie seien vergessen worden – und zwar, bevor Sie der Ärger überkommt. Dann bringen Sie es bestimmt auch entsprechend freundlich rüber. Ich sage immer: Krawall führt selten zu etwas – außer zu einem verdorbenen Abend.

Ein guter Wirt beweist Souveränität mit einer freundlichen Erklärung für ungebührlich langes Warten und einer Entschuldigung – am besten verbunden mit einem Glas »aufs Haus« oder einer anderen kleinen

Köstlichkeit. Das ist die beste Möglichkeit, die kleine Scharte auszuwetzen, im Sinne der Gastlichkeit und zum Wohl der Gäste.

PLATZIERUNG

Die Sitzordnung im Restaurant sorgt oft für Unsicherheit und birgt Konfliktpotenzial – doch es gibt ein paar Grundregeln zur Orientierung.

Im Kino ist es eine klare Sache: Die besten Sitze sind hinten. Aber im Restaurant? Für die Platzierung gelten ein paar Grundregeln, ganz egal, ob Sie zum Firmenessen, zu einer Familienfeier oder einem anderen halbwegs förmlichen Anlass ins Restaurant gehen. Traditionell sitzt der Ehrengast oder der wichtigste Gast mittig, rechts vom Gastgeber oder links von der Gastgeberin. Dieser Platz ist die sogenannte Schutzposition: Der Gastgeber hat dafür zu sorgen, dass der Ehrengast von zudringlichen Gesprächspartnern oder lästigen Fragen verschont bleibt. Von seinem direkt benachbarten Platz aus kann er leicht eingreifen und sozusagen das Gastrecht durchsetzen.

Als Paar sitzen Sie einander gegenüber und platzieren den wichtigsten oder ranghöchsten Mann rechts neben der Gastgeberin, die wichtigste oder ranghöchste Frau rechts neben dem Gastgeber. Für Geschäftsessen gilt abweichend: Der Gast, auf den es am meisten ankommt oder von dem die wichtigsten Beiträge zu erwarten sind, sitzt dem Gastgeber gegenüber.

Das hört sich knifflig an – und ist es in bestimmten Fällen auch. Lassen Sie vor dem Restaurantbesuch Ihre

Gäste vor Ihrem geistigen Auge aufmarschieren: Wer von ihnen könnte empfindlich sein und es Ihnen übel nehmen, wenn Sie ihn am Tischrand platzieren? Wer ist eher pflegeleicht und macht kein Gewese um solche Fragen? Wenn Sie vorher wissen, dass der eine oder andere Gast eher mundfaul ist, sollten Sie diesen vielleicht unauffällig neben besonders unterhaltsame oder redselige Gäste bugsieren. Zwei Sauertöpfe nebeneinander – das kann der übrigen Runde den halben Abend vermiesen.

Wenn Sie zu einer informellen, privaten Verabredung mit mehreren Paaren kommen, dann sollten Sie sich in gemischter Ordnung setzen – es sei denn, es handelt sich um Paare, die noch nicht lang zusammen sind und sich dementsprechend viel zu erzählen haben oder einander besonders tief in die Augen schauen möchten. Denen tut man sicher einen Gefallen, wenn sie auf gegenüberliegenden Plätzen landen. In allen Fällen sorgt die Auflockerung der Paarsituation für abwechslungsreichere, bessere Gespräche.

Bei Tischen, die entlang der Wände stehen, versuchen wir, die Gäste so zu lenken, dass die Damen auf der Bank zu sitzen kommen, die Herren ihnen gegenüber. Man(n) überlässt der Dame den besten Platz – und das ist nun mal der Platz mit freiem Blick ins Lokal. Das ist jetzt natürlich sehr einseitig »hetero« gedacht. Aber die Transferleistung für andere Paarkonstellationen traue ich Ihnen umstandslos zu.

Nebeneinander, gegenüber? Manchmal habe ich das Gefühl, diese Frage stresst die Gäste sogar, wenn sie paarweise zu viert kommen. Es gibt da keine feste Regel, sondern eher eine pragmatische Orientierung: Wer hat sich in welcher Konstellation am meisten zu sagen? Danach sollte man die Plätze verteilen, die einander gegenüberliegen. Und im Sinne dessen, was ich eingangs gesagt habe, dürfte es dann sinnvoll sein, dass die Paare nicht einander gegenüber, sondern nebeneinander oder über Kreuz sitzen.

Leicht kompliziert wird die Sache an einer unterbrochenen Tafel oder an getrennten Tischen. Da kann es passieren, dass Gäste beleidigt sind, wenn sie gefühlt auf Distanz zum Gastgeber gehalten werden. Sie spüren sofort: Das birgt ein gewisses Konfliktpotenzial. Um dem zu entgehen, ist es sowohl erlaubt als auch üblich, die Sitzordnung zwischendurch aufzulösen und die Plätze zu tauschen. Dann sind alle ein bisschen entspannter. Für solch ein Wechselspiel gibt es nur zwei Regeln: Man nimmt sein Wein- und Wasserglas mit an den neuen Platz, und einer der Beteiligten – vorzugsweise der Gastgeber – gibt dem Servicepersonal einen diskreten Wink, damit es beim Servieren des nächsten Gangs kein Kuddelmuddel gibt.

APERITIF

Mit kleinen Gesten signalisieren Sie dem Service, wann die Phase des Ankommens vorbei ist.

Haben Sie am Tisch Platz genommen und ist die vorgesehene Runde vollzählig, starten Sie mit dem Aperitif. Der geht der Bestellung voraus. Sollte an Ihrem Tisch noch jemand fehlen, darf der Aperitif noch etwas warten. Es wirkt auf Angehörige, Freunde, Kollegen oder Geschäftspartner ein bisschen ungehobelt, wenn sie mit etwas Verspätung eintreffen, Sie sich am Tisch aber schon am Sekt oder Champagner laben. Umgekehrt gilt: Nach einer sehr langen Wartezeit – ich sage als Hausnummer einmal: nach einer halben Stunde – wird es die Nachzügler sehr beruhigen, dass Sie am Tisch in der Zwischenzeit nicht gänzlich auf dem Trockenen gesessen haben.

Zum Aperitif kann der Gastgeber einen Toast ausbringen, und man darf dazu auch anstoßen. Sobald der Gastgeber sein Glas abgestellt hat, beginnt die Phase der Bestellung. Aperitif-Glas zurück auf dem Tisch – das ist für den Service das Zeichen: Die Gäste wünschen die Speisekarte.

Nächstes Signal: Speisekarte zuklappen und ablegen. Das bedeutet: Wir sind bereit zu bestellen.

In der Zwischenzeit haben Sie vielleicht Ihren Aperitif noch nicht ausgetrunken. Ein gut geschulter Service gibt Ihnen dann noch ein bisschen Zeit, bis der erste Gang serviert wird. Bei uns zum Beispiel geht die Bestellung in diesem Fall mit dem Vermerk »Apéro« an die Küche. Brot und Butter oder auch das Amuse-Bouche – der sprichwörtliche »Gruß aus der Küche« – wird Ihnen aber gereicht.

Apropos Brot: Wenn Sie sich eine Scheibe nehmen, essen Sie sie nicht im Ganzen oder beißen davon ab. Brechen Sie sie stattdessen in kleine, mundgerechte Stücke. Und behandeln Sie sie auch nicht wie eine Stulle bei Muttern. Die Butter wird im Restaurant nicht aufs Brot gestrichen oder geschmiert, sondern mit dem Messer in einer dünnen Scheibe auf das Brotstück bugsiert.

Zwischen Aperitif und erstem Gang sollte dann auch die Weinauswahl erfolgen. Der Service wird die Flasche vorbereiten und Sie probieren lassen. Sobald dann die Gläser gefüllt oder ein offener Wein im Glas serviert worden ist, ruft der Service in der Küche den ersten Gang ab.

Für Langsam-Trinker und/oder besondere Genießer: Sie müssen bis dahin den Aperitif noch nicht ausgetrunken haben. Mit einer Geste oder einem kurzen Hinweis signalisieren Sie dem Personal, ob es das Aperitif-Glas trotzdem abräumen darf – oder ob Sie es noch leeren möchten.

LA TABLE

Kleine Tafelkunde

FESTLICH GEDECKTER TISCH

Zu einem schönen Essen gehört auch das Tischarrangement. Geschirr, Besteck und Gläser: Alles sollte wertig sein, und alles hat seinen festen Platz.

Geschirr, Besteck und Gläser, so lautet bei uns in Frankreich ein Leitsatz, sind der Schmuck der Familie. Ich verrate Ihnen mal was: Wenn wir zu Hause Gäste haben, sind wir stundenlang mit dem Herrichten des Tischs beschäftigt. Was ich damit nur sagen will: Es ist ein Zeichen der Wertschätzung, sich für seine Gäste Mühe zu geben. Und auch ohne Gäste können Sie sich selbst etwas Gutes tun, wenn Sie sich zum Essen an einen schön gedeckten Tisch setzen.

Beginnen wir mit der Tischdecke. Sie sollte makellos sauber sein, glatt gebügelt bis auf eine Bügelfalte in der Mitte. Diese ist klassischerweise der »Egalitätsmarker« für den Service: Alle Gäste sollen gleich weit entfernt etwa von einer Vorspeisenplatte oder einer Suppenterrine sein. Stoffservietten, traditionell aus Leinen gewebt, sind eine feine Sache. Legen Sie die mehrmals gefaltete Serviette mittig auf den Teller. Aber bitte erst nach dem Eindecken, wenn Sie einen Gesamteindruck von dem gedeckten Tisch haben. Die Servietten »dekorativ« ins Glas zu stecken, sollte verboten sein.

Kommen wir zum Geschirr. Wenn Sie sich am eleganten 16. Pariser Arrondissement orientieren möchten, dann bekommt jeder Gast einen Platzteller aus Porzellan. Er trägt sämtliche Teller und bleibt bis zum Schluss liegen. Darauf stellen Sie den Vorspeisenteller und gegebenenfalls Suppenteller oder -tasse mit Unterteller. Der Teller fürs Hauptgericht wird später kurz vor dem Servieren nachgedeckt, am besten im Ofen vorgewärmt. Auf dem Porzellan dürfen keine Fingerabdrücke zu sehen sein. Einen schönen Glanzeffekt erreichen Sie, wenn Sie die Teller mit einem in Essigwasser getupften Tuch kurz abreiben und polieren. Das nimmt auch den muffigen Geruch weg, den Teller annehmen können, wenn sie lange im Schrank gestanden haben.

Die Weingläser sind ein Fall für sich. Ab Seite 74 komme ich ausführlich darauf zu sprechen. An dieser Stelle also nur die Grundregeln. Erstens: Weil auch Gläser im Schrank einen Geruch annehmen können, unbedingt vor der Benutzung noch einmal gründlich reinigen. Mein Tipp: Erhitzen Sie etwas Wasser und halten Sie das Glas mit der Öffnung nach unten über den Dampf. Danach mit einem sauberen Trockentuch polieren.

Auf dem Tisch platzieren Sie die Gläser an den Tellern entlang von links oben nach rechts unten. Auf Französisch nennen wir das *l'axe diagonal.* Ich erwähne das, weil die Engländer es anders machen: Sie stellen alle Gläser parallel zur Tischkante auf. Auf dem Kontinent dagegen gilt die schräge Anordnung. Von links nach rechts kommt zuerst das Wasserglas, meist

das größte von allen, gefolgt vom Rot- und Weißweinglas. Gläser für Sekt oder Champagner als Aperitif gehören nicht auf den Esstisch, sondern werden den Gästen eigens gereicht. Man darf aber ein noch gefülltes Glas mit an seinen Platz nehmen und es rechts neben das Weißweinglas stellen. Ein kleines Glas für Süßwein, wenn einer vorgesehen ist, kommt oberhalb zwischen Rot- und Weißweinglas.

Bleibt noch die Frage nach der Tischdeko. Ich empfehle, sich an der Größe des Tisches zu orientieren und Blumenarrangements, farblich passend zur Tischdecke und zum Geschirr, dezent einzusetzen. Gerade ein eher schmaler Tisch, an dem die Gäste einander gegenübersitzen, kommt einem sonst schnell überladen vor. Ich bin kein großer Fan von Kerzen, weil sie leicht den Blick behindern. Lassen Sie einfach Ihr Geschirr, das Besteck, die Gläser und deren Arrangement wirken!

BESTECK

Dass die meisten Messer abgerundete Spitzen haben, geht auf eine Anweisung des französischen Königs Ludwig XVI. zurück.

In Teil zwei meiner kleinen Tafelkunde geht es um das Besteck. Grundsätzlich sollten Sie schon vor dem Beginn des Essens alle Teile möglichst vollständig auslegen, damit Sie dann nicht ständig aufstehen, um Ihre Gäste herumschlüpfen und nachlegen müssen. Denn das stiftet Unruhe.

Dies gilt auch für den Besuch im Restaurant. Es ist mancherorts in Mode gekommen, den Tisch erst einzudecken, wenn die Gäste bereits da sind. Da kommt dann ein Kellner, eine Kellnerin und hantiert mit Tischdecke, Servietten, Tellern, Besteck und Gläsern herum. Warum dieses Getue?, frage ich mich. Wenig anfangen kann ich auch mit der vermeintlich »coolen« Praxis, Messer, Gabeln und Serviette einfach in ein Gefäß zu stecken und auf den Tisch zu stellen, damit die Gäste sich daraus bedienen können.

Eine erste Grundregel aus der Hotelfachschule besagt: Rechts vom Teller dürfen maximal vier Besteckteile liegen, links vom Teller drei. Die zweite Regel: Das Besteck wird so angeordnet, dass man in der Abfolge der Gänge von außen nach innen danach greifen kann. Beispiel: Beginnt die Menüfolge mit einer Suppe, liegt der Löffel auf der rechten Seite ganz außen. Es folgen dann ein kleines Messer für die Vorspeise und ein oder zwei größere Messer – eines davon gegebenenfalls ein Fischmesser – für Hauptgerichte. Das Gleiche gilt für die linke Seite: zuerst die kleine Vorspeisengabel, dann ein oder zwei Gabeln für die folgenden Gänge. Wenn Sie keine unterschiedlich großen Besteckteile haben, darf es auch zweimal dieselbe Größe sein. Sie können die Besteckteile auch leicht versetzen: Was für den ersten Gang gebraucht wird, darf einige wenige Zentimeter höher liegen als der Rest.

Ein Tipp für jene privilegierte Spezies Mensch, die eine Truhe mit Silberbesteck samt Initialen oder Familienwappen ihr Eigen nennt: Gabeln kommen in diesem Fall mit den Zinken nach unten auf den Tisch, damit die Gäste die Gravur bewundern können.

Wissen Sie übrigens, warum die Messer mit Ausnahme von Steakmessern abgerundete Spitzen haben? Angeblich kam es am Hofe des französischen Königs Ludwig XVI. (1754–1793) bei großen royalen Gelagen immer wieder zu Messerstechereien. Irgendwann hatte der König genug davon. Deshalb ließ er bei den Bestecken die Spitzen wegschleifen.

Zurück zu Ihrem – hoffentlich friedlichen – Esstisch: Das Dessertbesteck liegt grundsätzlich über dem Teller, ganz oben der Dessertlöffel mit dem Griff nach rechts in Richtung Messer, darunter entgegengesetzt die Dessertgabel, also mit dem Griff nach links. Sollte ein Obst- oder Käsemesser benötigt werden, wird dies üblicherweise nachgedeckt.

Das Messerchen für die Butter zur Brotbeilage kommt auf den Brotteller, und zwar ein gutes Stück von der Mitte aus nach rechts versetzt. Den Brotteller selbst stellen Sie auf die linke Seite neben das Besteck, und zwar so weit nach oben, dass Sie die linke Hand bequem darunter ablegen können. Kleiner Anhaltspunkt: Dort, wo bei klassisch geformten Gabeln die Schwingung beginnt, ist der Brotteller perfekt platziert.

FISCHBESTECK

In einer Zeit des demonstrativen Minimalismus in der Gastronomie wirkt Fischbesteck leicht antiquiert. Warum es immer noch zur gepflegten Esskultur gehört.

Lifestyle-Wellen, die derzeit durch die Gastronomie schwappen, wie etwa die »neue nordische Küche« mit ihrem demonstrativen Minimalismus, wollen uns glauben machen, es sei irgendwie schick, den Tisch maximal mit einem rohen Holzbrettchen einzudecken und dazu vielleicht noch ein Glas als Besteckständer zu stellen. So etwas scheinbar Antiquiertes wie Fischbesteck ist damit natürlich auch abgeschafft. Ein Jagdmesser tut's doch auch ... Ich trete dagegen entschieden dafür ein, die überkommenen Formen nicht einfach für überholt zu erklären. Eine gepflegte Esskultur verdient es, bewahrt zu werden.

Dazu gehört der Einsatz von Fischbesteck. Ob es im Restaurant aufgelegt werden sollte, hängt natürlich ein bisschen davon ab, um welchen Typ Lokal es sich handelt. Für ein Schollenfilet im Brauhaus oder den britischen Klassiker *Fish & Chips* wäre ein Fischbesteck etwas überkandidelt. Und der Gast, der danach verlangte, würde mit gewissem Recht als Snob angesehen werden. Aber in dem Moment, wo Hauptgerichte die Zwanzig-, Dreißig-Euro-Marke erreichen, finde ich schon, dass man zum Fisch auch Fischmesser und Fischgabel hinlegen sollte. Und zwar aus einem ganz einfachen Grund: Fisch muss nicht geschnitten werden. Ein Fischmesser ist ausschließlich dafür gedacht, das zartfaserige Stück Fisch auf dem Teller vorsichtig auseinanderzunehmen und auf die Gabel zu befördern. Aus dem gleichen Grund hat die Fischgabel keine vier Zacken, sondern nur drei, die zudem nicht spitz sind, sondern fast stumpf. Man sticht Fisch nicht mit der Gabel an. Man hebt ihn lediglich damit hoch zum Mund.

Man könnte nun einwenden, dass sich Fleischgabel und Fleischmesser für all das ebenso gut eignen – sie

müssen dann halt nur ein wenig anders eingesetzt werden. Mag sein. Doch mit dem gleichen Argument können Sie auch einen edlen Bordeaux aus einem Cola-Glas trinken. Die Grundform eines Trinkbehältnisses haben schließlich beide.

Deswegen spreche ich von »Kultur«. Die erschöpft sich eben nicht in der reinen Zweckmäßigkeit. Obwohl das Fischbesteck selbst unter rein pragmatischen Gesichtspunkten etwas für sich hat: Wenn Sie nicht gerade mit einem Steakmesser auf den Fisch losgehen, sondern mit einem normalen, oben abgerundeten Messer, dann tun Sie sich viel schwerer, Gräten aus dem Fisch zu lösen, als mit dem meist spitz zulaufenden Fischmesser.

Außerdem bringt es Rhythmus in die Menüfolge, wenn das Servicepersonal kommt und das Fischbesteck eindeckt. Der Gast weiß dann, was folgt, und kann sich darauf einstellen. Fisch ist etwas Feines. Auch das Fischbesteck ist filigran und signalisiert dem Gast: Du bekommst jetzt etwas, für das du nicht so arbeiten musst wie – sagen wir – für ein Rumpsteak. Fragen Sie also im Restaurant freundlich danach. Vielleicht hat es ja erzieherische Wirkung.

Und zu Hause? Nun, Sie müssen kein eigenes Set Fischbesteck in der Schublade haben. Aber wenn Sie häufig Fisch essen, es dabei sich und Ihren Gästen schön machen und sich die Anschaffung leisten wollen, setzen Sie damit jederzeit einen besonderen Akzent –

und Sie können sich womöglich sogar allerlei anderen Schnickschnack bei der Tischdeko sparen.

Einen alten Besteckschmied habe ich übrigens einmal gefragt, warum Fischmesser traditionell so eine kleine Einbuchtung in der Mitte haben. Das liege an der Art der Fertigung, hat er mir erklärt: Fischmesser sind aus einem Stück Edelstahl oder Silber gearbeitet und nicht – wie höherwertige Fleischmesser – aus Griff und Klinge zusammengesetzt. Über die Einbuchtung konnte in der Metallpresse der Druck entweichen und so ein Platzen des Messers verhindert werden. Sie sehen: Irgendwie haben auch die schönen Dinge des Lebens ihre ganz pragmatische Seite.

UMGANG MIT BESTECK UND SERVIETTEN

Welche Botschaften Sie vermitteln, wenn Sie Messer, Gabel und Serviette ablegen.

Besteck und Serviette haben, wenn Sie so wollen, eine eigene Sprache. Wenn Sie zum Beispiel Messer und Gabel beim Essen überkreuzt – in Form eines umgedrehten V – auf den Teller legen, heißt das für den Service: »Bitte nicht abräumen, ich bin noch nicht fertig!« Halten Sie die Kellner und Kellnerinnen also nicht für schludrig, wenn sie Ihren Teller so lange nicht wegholen, wie sie das V darauf sehen. Am Ende der Mahlzeit legen Sie Messer und Gabel parallel nebeneinander, mit einer leichten Schräge, auf die rechte Seite des Tellers. Jetzt lautet die Botschaft: »Bitte abräumen!« Eine kleine, fiese Zusatzinformation bringen Sie unter, wenn Sie die Messerschneide zwischen die Zinken der Gabel stecken. Das heißt nämlich: »Es hat mir nicht geschmeckt.« Ich vermute allerdings, dass nur noch die wenigsten diesen Code kennen. Wenn Sie zwischen den Gängen Ihr Besteck behalten sollen, können Sie es mit einem Stückchen Brot abwischen und es dann auf den Tisch legen: auf die rechte Seite Ihres Sitzplatzes, innen die Gabel, rechts daneben das Messer.

Servietten – und ich meine natürlich Stoffservietten – sind nicht nur bei uns in Frankreich ein Stück Esskultur. Bis in die Zeit König Ludwigs XVI. von Frankreich, der 1793 bekanntlich einen Kopf kürzer gemacht wurde, waren die Servietten sage und schreibe einen Quadratmeter groß. Im Zuge der Französischen Revolution wurde auch die Kantenlänge drastisch gekürzt und damit natürlich die Stoffmenge erheblich verringert. Mit 40 Zentimetern erreichte die Serviette ein bürgerliches Maß. Große Servietten sind angenehm, weil sie besser auf dem Schoß liegen. Bei uns in Frankreich ist die Serviette bis heute auch ein Statussymbol: je größer, desto wohlhabender der Haushalt. Ein handelsübliches Format ist aber völlig in Ordnung.

Für die Verwendung gibt bei privaten Einladungen der Gastgeber – genauer gesagt: die Gastgeberin – den Takt vor: Niemals darf die Serviette auf dem Schoß eines Gasts landen, bevor die Dame des Hauses nicht die ihre positioniert hat. Auch im Restaurant ist die Frau am Tisch die Taktgeberin. Alles andere gilt als Kavaliersdelikt.

Die Servietten-Sprache im Restaurant ist schnell gelernt. Sie können eine aufwendig drapierte Serviette zur Seite legen, sobald Sie Platz genommen haben. Gut geschultem Servicepersonal geben Sie dann das Startsignal mit dem Moment, in dem Sie die Serviette auf Ihren Schoß legen. »Bereit zur Bestellung!« heißt das übersetzt.

Zum Essen legen Sie die Serviette einmal quer gefaltet auf Ihre Beine, die offene Seite zu Ihnen gewandt, und putzen sich die Lippen immer mit der Innenseite ab. Wenn Sie die Serviette danach zurücklegen, bleibt die Außenseite sauber und man sieht die Flecken nicht. Denken Sie auch daran, während des Essens jedes Mal die Serviette zu benutzen, bevor Sie etwas trinken. Fettränder vom Essen am Glas sehen einfach scheußlich aus.

Zur Frage, ob man die Serviette auch oben ins Hemd oder in die Bluse stecken darf, kann ich sagen: Ja, das ist erlaubt. Einen Teller Spaghetti zum Beispiel, bei dem Sie die Nudeln nach italienischer Manier auf die Gabel drehen, werden Sie anders kaum unfallfrei bewältigen können.

Am Ende des Essens landet die Serviette bitte nicht auf dem Teller. Das ist eine Katastrophe, ehrlich, und natürlich eine Folge des Siegeszugs dieser gottverdammten Papierservietten. Es soll sogar Leute geben, die sich mit der Serviette die Nase putzen. Da möchte man im Service am liebsten mit Gummihandschuhen und Zange hantieren. Falten Sie die Serviette also vor dem Verlassen des Tischs einigermaßen ordentlich und lassen Sie sie so auf dem Tisch zurück.

WEINGLÄSER

Flûte, Bordeaux- oder Chianti-Glas – für die Auswahl eines Weinglases zählt die Art des Weins.

»Die Gläser, Herr Moissonnier, die Gläser!« Was meinen Sie, wie oft ich diesen Ausruf höre. Mal klingt es neugierig, mal skeptisch, mal gespielt verzweifelt. Es ist aber auch wirklich kompliziert: Wenn Sie auf der Suche nach Weingläsern in eine der handelsüblichen Kollektionen schauen, dann finden Sie zu praktisch jeder Weinsorte ein eigenes Glas: je eines für Riesling, für Chardonnay oder Sauvignon blanc, ein Rioja-Glas, ein Chianti-Glas, eines für Burgunder und eines für Bordeaux, dann natürlich noch spezielle Gläser für Sekt, Champagner oder Süßwein. Wer soll da noch durchblicken?

Die gute Nachricht zuerst: Sie können ganz beruhigt sein! Hinter einer solchen Fülle von Variationen verbirgt sich vor allem ein gutes Marketing. Aber ganz ohne Grund kommen die Hersteller nicht auf den Gedanken, Ihnen gleich eine ganze Glasorgel verkaufen zu wollen. Ich mache es mal so einfach wie möglich und so differenziert wie nötig:

Jedes Weinglas sollte einen Stiel haben, und nur dort fassen Sie es an. Das Weißweinglas ist relativ klein. Es darf schlank, aber auch etwas ausladend sein. Gelegentlich ist von »Universalgläsern« die Rede. Das trifft es ganz gut, weil eigentlich jedes Weißweinglas zu jeder Weißweinsorte passt.

Gläser für Rotwein sind generell größer als Weißweingläser, damit viel Luft an den Wein kommt und sich das Bouquet optimal entfalten kann. Hier ist es nun tatsächlich sinnvoll, über zwei verschiedene Formen nachzudenken. Ohne Sie nervös machen zu wollen: Mit dem falschen Glas kann man einen Wein kaputt kriegen.

Das Bordeaux-Glas ist ausgesprochen hoch. Es geht vom Stiel her zunächst etwas in die Breite, ohne besonders bauchig zu werden, um sich dann zum Rand hin zu verjüngen. Das führt dazu, dass die Flüssigkeit beim Trinken wie in einem Kanal geführt wird. Der Wein gelangt so am leichtesten nach hinten in die Mundhöhle, was die Aromen und den leicht süßlichen Nachgeschmack der Rebsorten Merlot und Cabernet Sauvignon optimal zur Geltung bringt. Auch für Chianti, Rioja und alle Cabernet-Sorten aus Übersee ist diese Glasform gut geeignet. Wichtig ist, Bordeaux und vergleichbare Weine zu dekantieren, weil im Glas selbst dann nur noch wenig Luft an den Wein kommt.

Im Gegensatz zum Bordeaux-Glas ist das Burgunder-Glas wesentlich bauchiger und nicht so hoch. Der Pinot noir ist ein Wein, der im Glas möglichst viel Luft abbekommen sollte. Das Glas ist zudem für den deutschen Spätburgunder geeignet, aber auch für Barolo oder Blaufränkisch.

Schaumwein sollten Sie immer aus einer französischen *flûte* trinken, also aus einem schlanken, hohen Glas. Vergessen Sie Omas Sektschalen! In denen werden Sekt oder Champagner schal und flach.

Für den Gesamteindruck empfehle ich Kristallgläser, aber bitte ohne Schnickschnack wie Gravuren. Bei einer Karaffe oder einem Dekanter kann das durchaus schön aussehen. Beim Weinglas dagegen zählt Schlichtheit. Das Glas dient allein dem Wein. So einfach ist das.

Kleiner Tipp für unfallfreie Pflege: Fassen Sie Ihre Weingläser nicht am Fuß an, sondern in der Mitte am Bauchansatz – wie einen Kelch. Dann gehen Sie mit dem Spüllappen unter sanfter Drehung ins Innere. Am Schluss kommt die Außenseite dran. Zum Trocknen verwenden Sie am besten ein Mikrofasertuch. Stofftücher hinterlassen winzige Faserpartikel, die zu starkem Schäumen bei Sekt oder Champagner führen. Die prickelnde Kohlensäure soll möglichst nicht im Glas bleiben, sondern bei Ihnen im Mund landen. Auch fürs Trocknen und Polieren gilt: Agieren Sie ganz sanft – ohne Druck. Am besten auch ohne Zeitdruck. Die meisten Gläser zerbrechen nämlich aus Hektik.

LA COMMANDE

Die Bestellung

BESTELLEN

Wie Sie bei einer Einladung Ihren Gästen dezente Entscheidungshilfen geben können.

Bestellen, könnte man meinen, ist die einfachste Sache der Welt: Sie wissen, was Sie essen und trinken wollen; der Kellner oder die Kellnerin schreibt es auf. Fertig. Aber wie jeder weiß, sind die einfachen Angelegenheiten oft recht kompliziert. Es fängt schon damit an, wer loslegt. Haben Sie zum Beispiel Freunde zum Essen eingeladen – sagen Sie dem Service dann selbst Ihre Wünsche, oder lassen Sie Ihren Gästen den Vortritt? Und was ist, wenn Sie zu zweit sind? Wer beginnt dann?

Die klassische Regel lautet: Damen zuerst – und im Falle einer Einladung erst die eingeladenen Damen, dann die Gastgeberin. Aber: keine Regel ohne Ausnahme. Es kommt nicht selten vor, dass die Aussicht, am Ende eines womöglich üppigen Menüs mit reichlich Wein dabei die Zeche nicht selbst bezahlen zu müssen, nicht nur freudige Gefühle auslöst, sondern eher zu einer gewissen Anspannung führt: Darf ich in die Vollen gehen? Zwei, drei oder vier Gänge bestellen? Ein Menü? Offenen Wein oder eine Flasche?

Sobald Sie als Gastgeber oder Gastgeberin mit einer guten Antenne solche »Vibrationen« empfangen, sollten Sie sofort Signale der Entspannung aussenden und den weiteren Takt vorgeben. Entweder indem Sie eben doch selbst mit der Bestellung beginnen und damit einen Hinweis geben, wie Sie sich die Speisen- und Getränkefolge vorstellen. Oder indem Sie Ihren Gästen kleine »Entscheidungshilfen« anbieten: »Nehmen Sie unbedingt eine Vorspeise – die sind hier ganz ausgezeichnet!« – »Mit dem Vier-Gänge-Menü können Sie hier nichts falsch machen!« – »Beginnen wir mit einer schönen Flasche Weißwein? Ich schlage vor, wir lassen uns einen empfehlen.« So wird der Bestellvorgang zum Teil einer Gesamtinszenierung, und Sie schaffen es spielend, eine womöglich gespannte Atmosphäre aufzulockern.

Zur Angabe von Sonderwünschen lesen Sie mehr im Kapitel »Allergien und Unverträglichkeiten« ab Seite 84.

Wenn Sie von schwangeren Frauen am Tisch wissen, die ihren Zustand noch diskret behandelt wissen möchten, geben Sie dem Restaurant bei der Reservierung einen entsprechenden Hinweis, und helfen Sie so dem Servicepersonal. Es wird die Schwangere selbstverständlich auch nach ihrem Getränkewunsch fragen. Alles andere wäre erst recht auffällig. Sie wird dann vielleicht mit dem beliebten Hinweis auf ein Antibiotikum nach Wasser oder einem alkoholfreien Frucht-Sekt (»Prisecco«) fragen. Aber beim Service ist die alkoholfreie Variante dann für den gesamten Abend natürlich schon im Hinterkopf gespeichert. Ob man das auch vom Köbes im Brauhaus erwarten dürfte, lasse ich mal dahingestellt. Aber da hat das Bestellen alkoholfreier Getränke ja eh Abenteuer-Charakter.

Auch beim Essen sollten Schwangere bekanntlich auf bestimmte Speisen – Rohmilchkäse, rohen Fisch, rohes Fleisch, rohes Ei – verzichten. Kommen Sie der Küche entgegen und ordern Sie nicht ausgerechnet Gerichte, die auf solchen Komponenten basieren. Also kein Rindercarpaccio und auch kein Tiramisu. Um die Variablen sollte sich das aufmerksame Küchenpersonal dann ganz ohne zusätzliche Ansage kümmern: das Steak selbstverständlich durchgebraten, die Soßen ohne Alkohol, keine Beilagen mit rohem Ei.

Gelegentlich fragen Gastgeber bei Einladungen im Restaurant nach Speisekarten ohne Preis. Der Sinn ist klar: Sie wollen ihre Gäste nicht in die Verlegenheit bringen, im Kopf die Kosten für das Menü zu kalkulieren und vermeintlich das Budget der Gastgeber zu schonen, indem sie eine preisgünstige Wahl treffen. Ich persönlich würde mich als Gast ein Stück weit entmündigt fühlen. Und ich vermute, etwaigen heimlichen Überlegungen Ihrer Gäste – Economy- oder Businessclass? – beugen Sie mit einer bereinigten Karte auch nicht vor. Zumal die Gäste ja schon vorher wussten, wohin es geht, und sich jederzeit schlau machen konnten. Im Internet liegt alles offen zutage – auch die Preise im Restaurant.

Statt leicht affektierter Geheimnistuerei oder Schein-Diskretion empfehle ich zweierlei: Suchen Sie selbst als Gastgeber ein Restaurant aus, mit dem Sie und Ihre Gäste sich auch dann noch wohlfühlen, wenn es für Sie ans Bezahlen geht. Und wenn Sie bewusst ein, zwei Kategorien über diese vermutete Wohlfühlzone hinausgehen, dann machen Sie das nicht nur sich selbst klar, sondern auch Ihren Gästen. Legen Sie Ihr Motiv offen. Sprechen Sie von Ihrer Wertschätzung, Ihrem ausdrücklichen Wunsch, es an diesem gemeinsamen Abend besonders schön zu haben.

ALLERGIEN UND UNVERTRÄGLICHKEITEN

Wirte sind weder Ärzte noch Apotheker und können die Folgen des versehentlichen Genusses allergener Speisen nicht einschätzen. Aber sie geben ihr Bestes, um Sonderwünsche zu erfüllen.

Lebensmittelunverträglichkeiten sind zu einem echten Problem geworden. In erster Linie natürlich für die Betroffenen, aber in zunehmendem Maß auch für die Restaurantküche. Ich sage Ihnen mal ganz offen, wie ich darüber denke.

Als ich 1980 in Deutschland angefangen habe, gab es das Wort »Allergene« noch gar nicht. Zumindest nicht in der Gastronomie. Mir ist klar, dass unsere immer raffiniertere Zivilisation aufgrund von Umwelteinflüssen, diversen Ernährungsgewohnheiten und anderen Faktoren für eine große Anzahl von Menschen zu einer echten Belastung geworden ist. Ich las unlängst, dass im Großraum Paris aus Klimagründen eine Zeit lang sehr viele Birken gepflanzt wurden. Erst später wurde man gewahr, dass Birkenpollen bei zahlreichen Menschen Heuschnupfen verursachen. Es heißt, bis zu zehn Prozent der Einwohner von Paris hätten unterdessen damit Probleme.

Das will ich alles gar nicht kleinreden. Aber mit der explodierenden Fülle von Allergien und Intoleranzen haben auch gastronomische Betriebe gewaltig zu kämpfen. Wir hatten vor geraumer Zeit den Fall, dass uns mit einer größeren Firmen-Reservierung folgender »Beipackzettel« zu Ernährungsweisen und Unverträglichkeiten der zu erwartenden Gäste ereichte: »Von den insgesamt zwölf Personen sind drei Vegetarier, zwei von ihnen essen vegan. Eine Person hat eine Knoblauch-Allergie. Drei Personen vertragen keinen Fisch und auch keine Krustentiere. Eine weitere Person ist allergisch gegen alle Sorten von Nüssen. Und schließlich gibt es eine Person mit Gluten-Intoleranz.« Ich frage Sie: Was soll die Küche da machen? Und wozu soll sich mein Küchenchef Eric Menchon dann überhaupt noch ein Rezept mit mehreren Zutaten ausdenken?

Diese Episode steht für einen Trend, mit dem wir tatsächlich sehr schwer umgehen können. Wir sind weder Ärzte noch Apotheker und können folglich die Risiken nicht einschätzen, die beim versehentlichen Genuss allergener Speisen entstehen. Also müssen wir immer betonen, dass wir die Verantwortung ablehnen. Wenn ich hier das Wort »Haftung« in den Mund nehme, kommt das nicht von ungefähr. Konsequenz in unserem Restaurant: Was die Sonderwünsche betrifft, bieten wir vegetarische Gerichte an, aber bei vegan und »aufwärts« gehen wir nicht mehr mit. Für Unverträglichkeiten haben unsere Servicekräfte einen Rotstift. Manchmal kann man allerdings vor lauter Rot auf dem Zettel die Bestellung nicht mehr lesen.

Ein weiteres Phänomen mit Folgen sind die Diäten in Publikationen mit großer Reichweite. Kaum ist das neue Heft mit den jeweiligen Ernährungsempfehlungen auf dem Markt, kommen die entsprechenden Ansagen: »Ich lege Wert auf Möhren, aber nicht auf Kohlrabi und Petersilie.« Zuweilen habe ich den Eindruck, die Unverträglichkeiten richten sich nicht zuletzt nach den Tabus der verschiedenen Diätpläne. Und ob wirklich jede »Zwiebel-Allergie« eine echte Unverträglichkeit ist oder nicht doch nur die Sorge vor ein paar Blähungen, das lasse ich auch mal dahingestellt.

Kurz und gut: Ich glaube, wir brauchen im Restaurantbetrieb Verständnis auf beiden Seiten. Wir bemühen uns, den Gästen gerecht zu werden. Aber wir sind auch darauf angewiesen, dass die Gäste sagen: »Tun Sie, was Sie können – und mit dem Rest komme ich klar.«

WEINAUSWAHL

Wie Sie mit ein paar Faustregeln zur richtigen Essensbegleitung kommen.

Welcher Wein passt zu welchem Essen? Darüber ist schon so viel gesagt und geschrieben worden, dass ich dem Unsinn der Bescheid- und Besserwisser aus meiner Zunft nicht auch noch meinen eigenen hinzufügen möchte. Das Wichtigste und Entscheidendste ist: Ihr Genuss. Wenn Sie einen Wein trinken, der Ihnen schmeckt, haben Sie alles richtig gemacht.

Natürlich gibt es einige Regeln für die passende Weinbegleitung zum Essen. Die ergeben sich ganz einfach aus dem Miteinander der vier Geschmacksrichtungen – süß, sauer, salzig, bitter – und deren Wahrnehmung durch unsere Zunge. Manche verstärken, andere schwächen einander gegenseitig. Ersteres kann man sich bei der Weinauswahl zunutze machen, Letzteres kann man umgehen.

Daraus folgen die ersten Grundregeln: Ein süßer Wein passt zu süßen Speisen, aber nicht zu salzigen oder säuerlichen Gerichten. Ausnahme: Leberpasteten, mit denen ein Süßwein perfekt harmoniert. Ein säurebetonter Wein dagegen macht sich gut zu salzigem oder bitterem Essen, verliert aber in Kombination mit süßen Aromen. Ein schwerer, tanninreicher Wein wird den feinen Geschmack etwa eines weißen Fischs erschlagen. Umgekehrt hält ein leichter Weißwein den ausgeprägten Aromen eines dunklen Bratens schwerlich stand.

Eine weitere Faustregel berücksichtigt das Erfahrungswissen regionaler Kulturen: Was die Menschen einer bestimmten Gegend von jeher zu den dort typischen Gerichten getrunken haben, das passt einfach auch dazu: Elsässer Riesling zu Flammkuchen, ein Rotwein aus Württemberg zu den Maultaschen, ein Lugana zu italienischen Antipasti.

Die letzte Regel stammt aus meiner eigenen Praxis als Kneipier. Sie hat damit zu tun, dass der »passende Wein« immer auch eine Frage des passenden Budgets ist, und basiert darauf, dass ich ungern mit der Kreditkarte meiner Gäste spiele.

Tatsächlich ist die Weinbestellung, finanziell gesehen, der Schlüsselmoment für die Bilanz des Restaurantbesuchs. Hier kann die Preiskurve am weitesten nach oben ausschlagen, hier drohen mithin unliebsame Überraschungen. Und allzu leicht ist der Kunde nicht König, sondern der Dumme, wenn er unbesehen trinkt, was der Wirt empfiehlt. Denn er ist es, der es am Ende auch bezahlen muss.

Mit kleinen Andeutungen können der Wirt und seine Gäste die vielleicht etwas ungeschlachte Frage »Was darf die Flasche denn kosten?« umgehen. Wenn sich der Gast nach einem »vollen, schweren« Wein erkundigt, ist damit normalerweise auch ein üppigerer

Preis gemeint als bei der Frage nach einem »leichten, unkomplizierten« Wein. Ein guter Indikator dafür, was ein Gast auszugeben bereit ist, ist auch die Frage nach einzelnen Angeboten auf der Weinkarte. Möchte er zum Beispiel wissen, ob der Badener Riesling für 35 Euro eine gute Wahl wäre, werde ich ihm als Alternative keinen Chardonnay für 70 Euro empfehlen. Ein charmanter Hinweis auf den Deckel nach oben kann auch lauten: »Ich hätte gern noch einen Armagnac – aber vielleicht nicht gerade für sechzig Euro.«

Ganz wichtig: Äußern Sie Ihre Wünsche! Ich erlebe es häufig bei Fischgerichten, dass Gäste leicht verschämt sagen: »Eigentlich würde ich lieber einen Rotwein trinken, aber das macht man ja nicht, oder?« Hier gilt, was ich eingangs festgestellt habe: Was »man« macht oder nicht, spielt keine Rolle. Wenn Sie einen Rotwein trinken möchten, ist es Sache des Wirts oder seines Sommeliers, einen geeigneten zu finden. Es gibt nichts Schlimmeres, als wenn der Sommelier zum Zensor wird. Sein Job ist es, Sie glücklich zu machen. Zumindest mit dem passenden Wein.

Nach dem Servieren rate ich – was Sie vielleicht überraschen wird – dazu, einen strukturierten Weißwein nicht die ganze Zeit über in den Eiskübel stellen zu lassen. Sie werden schnell merken, dass er sein volles Aroma bei einer Temperatur von etwa 12 Grad entfaltet, also deutlich über Kühlschrank-Temperatur. Rotweine schmecken am besten bei 16 Grad, können also bei

hohen Raumtemperaturen sogar eine leichte Kühlung vertragen. Teurere Weiße wie Rote verdienen eine Karaffe.

Bei den dekantierten Weinen habe ich es mir zur Gewohnheit gemacht, jede Flasche noch für zehn Minuten oder eine Viertelstunde auf dem Tisch stehen zu lassen. Die Etiketten bieten über die Optik hinaus eine Fülle von Informationen, die die Gäste interessieren dürften: Name des Weinguts und des Winzers, Herkunftsregion, Jahrgang, Alkoholgehalt oder biologischer Anbau.

Was aber tun, wenn Ihnen der gewählte oder empfohlene Wein partout nicht behagt? Um ehrlich zu sein: eine heikle Situation. Es ist nicht einfach zu sagen: »Der Wein schmeckt mir nicht.«

Ein fehlerhafter Wein muss selbstverständlich ausgetauscht werden. Typischer Fall: Der Wein hat Kork. Das Problem ist nur, dass nicht jeder Gast so etwas ohne Weiteres erkennt. Ausgefallene Weine haben häufig – sagen wir: ungewohnte Duft- und Geschmacksnoten. Die sind dann völlig einwandfrei, können die Gäste jedoch irritieren. Das lässt sich aber schlecht mit ihnen erörtern. Man sollte als Wirt keine rechthaberische Debatte mit den Gästen beginnen.

Wenn man sich nicht gerade im Raritätenbereich bewegt, sondern bei den gut laufenden Weinen, lasse ich persönlich den Abend ohnehin nicht an einem Glas oder einer Flasche Wein scheitern: Wenn das Getränk dem Gast nicht zusagt, bekommt er etwas anderes. Da sollte man, finde ich, auch nicht lang diskutieren. Das ist ja auch eine Sache des Vertrauens: Der Gast vertraut mir bei der Weinauswahl. Also gebe ich ihm die Möglichkeit, sich anders zu entscheiden.

Dabei muss ich aber spüren, dass der Gast es gut meint. Was ich damit sagen will: Auf eine bekümmerte Rückmeldung – von der Art »Es tut mir sehr leid, aber ich habe mir ganz was anderes vorgestellt« – hin nehme ich die fragliche Flasche umstandslos wieder mit. Ganz ehrlich: Die bekomme ich glasweise auch anderweitig verkauft. Im allerschlimmsten Fall erhalten meine Leute im Service die einmalige Chance, einen der Weine selbst zu verkosten, die sie ständig servieren. Wenn sich aber jemand aufspielt oder glaubt, er müsse die Nummer mit der Reklamation bei jeder Flasche abziehen, dann werde ich sauer und schalte auf stur: Sie haben gewählt. Ich habe serviert. Und fertig.

LA CULTURE

Was, wann und wie

BENIMM-BASICS BEI TISCH

Wohlmeinender Rat an alle Eltern: Überzeugen Sie Ihre Kinder davon, sich im Restaurant ein bisschen zusammenzureißen – oder geben Sie ihnen frei.

Wie sehr sollten Sie sich bei der Wahl Ihrer Garderobe ins Zeug legen? Nun, wenn Sie beispielsweise in einen der einschlägigen Gourmettempel gehen möchten, rate ich Ihnen zu gut geputzten Schuhen mit dunklen Socken, einem Hemd, das zur Hose passt, sowie einem gebügelten Sakko. Das Hemd können Sie offen tragen, Krawatte muss nicht mehr sein. Wenn Sie Ihr Outfit mit ein wenig Geschick aufpeppen wollen, ist ein dezentes Einstecktuch zu empfehlen.

Die »goldene Regel« für alle weiteren Fälle lautet: Muten Sie anderen nicht zu, was Sie selbst nicht mögen. Wenn Ihnen eine unrasierte Bedienung in Turnschuhen und mit Schweißrändern auf dem Hemd unangenehm wäre, wissen Sie sofort, was ich meine. Dass bestimmte gehobene Restaurants noch einen Dresscode vorgeben, hat vornehmlich damit zu tun, dass ein Teil der sehr reichen Klientel glaubt, mit seinem ganzen Geld auch die Lizenz für schlechtes Benehmen miterworben zu haben. Mir ist es einmal in einem sehr guten Pariser Restaurant passiert, dass gegen 22 Uhr ein prominenter französischer Fußballprofi in T-Shirt, Jogginghose und Sandalen hereinstürmte, sich mit zwei Begleiterinnen an einen freien Tisch warf und lautstark eine Cola bestellte.

Ein Sonderfall sind Jugendliche im Restaurant. Ich erlebe bei uns immer wieder 13- oder 14-Jährige im Hip-Hop-Look und mit Baseball-Kappe, die sich lustlos und halb liegend auf ihrem Stuhl fläzen. Bei den Haltungsnoten könnte man noch ein Auge zudrücken. Aber Kopfbedeckungen gehen gar nicht. Ich habe viel Verständnis für Identitätskrisen und Selbstfindungsphasen. Dennoch lautet mein wohlmeinender Rat an alle Eltern: Überzeugen Sie Ihr selbstgemachtes Juwel davon, sich ein bisschen zusammenzureißen – oder geben Sie ihm frei. Ich verspreche Ihnen: Sie werden einen wunderbaren Abend verbringen – und das Servicepersonal auch.

Zu den Klassikern bei Tisch gehört die Frage: Wohin mit den Händen? Mit der uralten Mahnung »Leg deine Hände auf den Tisch, runter mit den Ellbogen!« hat es eine doppelte Bewandtnis: Mit den Ellbogen auf dem Tisch ist weniger Platz an der Tafel, deswegen entstand im Mittelalter die Regel, dass die Gäste nur die Hände auf den Tisch legen sollten. Außerdem brauchten sie so nicht zu fürchten, dass ihre Tischnachbarn etwaige Konflikte mit dem Dolch unter dem Tisch austrugen.

Heute gilt: Bis das erste Getränk kommt, dürfen die Ellbogen auf dem Tisch bleiben, danach nur noch die Handgelenke links und rechts neben dem Teller – und das bitte bis zum Kaffee. Erst dann darf es wieder ein

bisschen lockerer zugehen. Bliebe noch das Mysterium, warum US-Amerikaner und Briten bei Tisch grundsätzlich die linke Hand aufs Knie legen und das Essen nur mit der Gabel in der rechten Hand zu sich nehmen … Aber das aufzuklären, erscheint mir so mühselig, wie nach einer sinnvollen Begründung für den Linksverkehr zu suchen.

Ein letzter Tipp: Sollten Sie einmal aufstehen müssen – drehen Sie Ihrer Begleitung niemals den Rücken zu, sondern bleiben Sie immer zugewandt. Sollten neben oder hinter Ihnen weitere Gäste sitzen, genügt eine kurze Verbeugung zum Nachbartisch. Dann dürfen Sie den Gästen dort auch Rücken und Hinterteil präsentieren – Sie haben in dem Fall ja gar keine andere Chance.

ANSTOSSEN

Viel wichtiger als die Frage, ob Sie beim Zuprosten Ihr eigenes Glas an dem Ihres Nachbarn zum Klingen bringen, ist die, wie Sie es anfassen.

Ist es verpönt, beim Zuprosten mit den Gläsern anzustoßen? Eine solche Frage, gar nicht so selten gestellt, alarmiert mich. Denn sosehr ich es mit Regeln halte, so wenig halte ich von einer naserümpfenden Überheblichkeit. Verpönt ist deshalb bei mir alles, was verpönt ist. Oder zumindest fast alles. Was Menschen, die einander mögen, miteinander am Tisch tun, bei sich zu Hause oder im Restaurant, das ist so lange in Ordnung, wie es niemanden stört. Eine Störung durch klingende Gläser kann ich mir nicht vorstellen, es sei denn, Sie würden die Gläser vor jedem Schluck dreimal und mit Wucht aneinanderschlagen. Aber vielleicht würden Sie sich dadurch ja sogar selbst gefährden. Nicht auszudenken, was passierte, wenn eines der Gläser plötzlich brechen würde. Also: Dezent ist die bessere, sicherere Variante.

Sollte Ihnen jemand schon mal vom Anstoßen abgeraten haben, war es vermutlich ein Franzose. Bei uns war und ist diese Geste unüblich. In Deutschland dagegen ist sie Teil der Kultur.

In Frankreich heben wir das Glas einfach nur an und schauen unser Gegenüber an. Allerdings gilt dafür

bei uns auch nicht die Regel, dass man sich dabei möglichst tief in die Augen zu blicken habe. In Deutschland ist das ja sogar eine strafbewehrte Vorschrift: Wer sie verletzt, riskiert – so wird es mir jedenfalls immer erzählt – sieben Jahre Unglück oder, noch schlimmer, sieben Jahre schlechten Sex. Also das wäre für einen Franzosen eine ganz und gar unerträgliche Vorstellung.

Ich würde sagen: Tun Sie mit Ihrem Glas einfach, was Ihnen gefällt. Niemand wird Sie dafür schief angucken. Wozu ich Ihnen allerdings dann doch raten möchte, ist der richtige Griff ans Glas. Es schüttelt mich regelmäßig, wenn Leute ihr Sektglas oder ihr Weinglas mit zwei Fingern oder gar mit der ganzen Hand oben anfassen. Gestylt bis dorthinaus – und dann ein Benehmen wie die Wikinger unter Deck. Das ist wirklich ein Stück Unkultur und im wahrsten Sinne des Wortes stillos – oder in diesem Fall besser: stiellos. Schließlich haben Sie nur aus einem einzigen Grund kein Saftglas als Trinkgefäß vor sich: Sie sollen es nämlich am Stiel anfassen. Das sieht eleganter aus. Und Sie hinterlassen auf der klaren Glasfläche keine unschönen, fettigen Fingerabdrücke, womöglich genau da, wo Sie später dann Ihre Lippen ans Glas setzen. Der Griff zum Stiel ist also nicht nur ästhetischer, sondern auch hygienischer.

Manchmal heißt es, das Anfassen des Glases am Stiel habe mit der Handtemperatur zu tun. Man verhindere so das Anwärmen des Weins im Glas. Nun, bis es so weit wäre, müssten Sie Ihr Glas wohl in eine Dauerumklammerung nehmen. Nein, ich glaube, es geht hier wirklich um die feine Geste. In einem schönen, dünnwandigen Kristallglas wird Ihnen Ihr Wein übrigens auf jeden Fall besser schmecken. Das ist kein Hokuspokus, sondern eine Mischung aus Physik und Psychologie. Bei den Herstellern feiner Gläser beschäftigen sich Experten mit der Frage, wie das Weinglas geformt sein sollte, damit sich das Bouquet am besten entfaltet oder damit die Flüssigkeit optimal im Mund ankommt. Außerdem trinkt das Auge immer mit. Stellen Sie sich nur mal ein Champagnerglas vor, schlank, leicht beschlagen, und dann das Geräusch des Champagners, wie er leicht schäumend im Glas nach oben steigt! Wir Franzosen nennen das »ein perfektes Vorspiel«.

WASSER

Man kann aus allem eine Wissenschaft machen. Aber aus kulinarischer Sicht ist beim wichtigsten Lebensmittel alles kinderleicht.

Es scheint heute ein Ausdruck von Großzügigkeit, von Opulenz oder von beidem geworden zu sein, gleich zu Beginn jedes Restaurantbesuchs zwei Flaschen Wasser zu ordern: eine mit Kohlensäure, eine ohne. Ich beobachte das jedenfalls inzwischen so oft, dass ich geneigt bin, ein von mir ungeliebtes Wort zu benutzen und von einem »Trend« zu sprechen. Mit dem Effekt, dass am Ende des Abends jeweils eine halb volle Flasche auf dem Tisch zurückbleibt. Bitte, mir ist das egal. Aber warum ist es denn nicht möglich, sich auf eine Sorte zu einigen?

Aus kulinarischer Sicht können Sie dabei eigentlich nichts falsch machen. Wasser still oder prickelnd – meiner bescheidenen Meinung nach spielt das beim Essen ebenso wenig eine Rolle wie die Temperatur. Die Funktion von Wasser ist es, den Durst zu löschen und eventuell den Geschmack des Essens zu neutralisieren. Ich persönlich liebe die Erfrischung durch kaltes Wasser aus dem Kühlschrank. Zehn, zwölf Grad – so servieren wir es normalerweise auch bei uns im Restaurant. Aber wenn Sie das Wasser lieber mit Zimmertemperatur trinken, kein Problem. Der Genuss wird darunter nicht leiden.

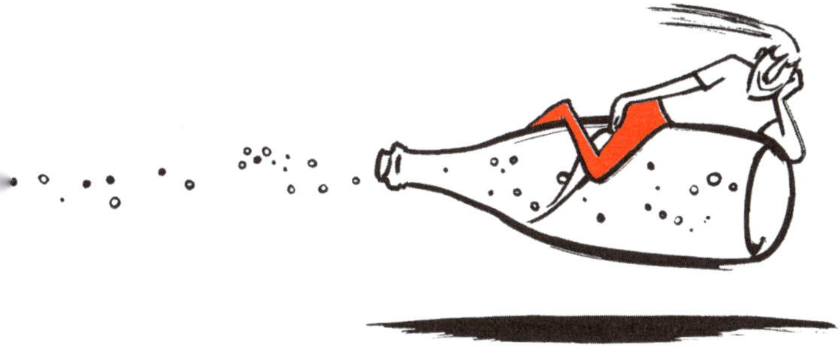

Ein wahrer Profi wie der Gastrokritiker Jürgen Dollase, der in anderen Sphären zu speisen pflegt als Normalsterbliche, trinkt übrigens Kräutertee zur Neutralisierung des Geschmacks. Tja, wer's mag … Aber so macht er das nun mal – und ich würde einer Koryphäe wie Herrn Dollase niemals reinreden.

Auch sonst sage ich meine Meinung nur, wenn ein Gast mich ausdrücklich um Rat bittet. Denn im Allgemeinen gilt doch: Es ist alles Geschmackssache! Solange es Stil und Rhythmus eines Hauses nicht empfindlich stört, sollen alle machen, was sie möchten und was ihnen guttut. Die Hauptsache ist: entspannen, Spaß haben! Wenn Sie in einem Lokal das Gefühl bekommen, Sie befänden sich im Cockpit eines Formel-1-Rennwagens und dürften sich ab sofort nicht einmal den allerkleinsten Fehler erlauben, sollten Sie im selben Moment besser umdrehen, nach Hause gehen und eine Flasche von Ihrem Lieblingswein aufmachen.

Ganz sicher ist es nicht besonders logisch, Wasser aus Italien oder Frankreich nach Deutschland zu importieren und mit dem Einkauf internationalen Lebensmittelkonzernen die Kassen zu füllen. Wie viele meiner Kolleginnen und Kollegen bemühe ich mich stattdessen, heimische Produzenten zu unterstützen. Wir servieren deshalb Wasser aus der Vulkaneifel und aus Bayern, was ja auch schon ein ganz gutes Stück von unserem Restaurant in Köln entfernt ist. Der Salzgehalt ist gering, der Geschmack ausgesprochen angenehm.

„Kranenburger« in der hierzulande selbstverständlichen Trinkqualität tut's übrigens auch. Natürlich können Sie als Gast im Restaurant fragen, warum Sie in diesem Fall für einen Liter Leitungswasser aus der Glaskaraffe, der den Wirt 0,2 Cent kostet, 5 Euro und mehr zahlen sollen. Für Südländer sind die Wasserpreise in deutschen Lokalen ohnehin ein Mysterium. Aber umgekehrt zahlen Sie in Italien oder Frankreich oft eine Pauschale fürs Gedeck. Damit will ich sagen: Eine höhere Gewinnspanne bei den Getränken gehört in Deutschland zur Gesamtkalkulation der Preise.

AUSTERN UND MEERESFRÜCHTE

Geheimnisse und kleine Tricks für den Genuss von Muscheln und Krustentieren.

Traditionell galt die Regel: Austern, Muscheln, Meeresfrüchte nur in Monaten mit einem »r«, das heißt also von September bis April. Nicht davor und nicht danach. Nun, die Zeiten haben sich geändert: Heute stehen zum Beispiel Austern das ganze Jahr über auf der Karte, und Sie können sie auch unbedenklich das ganze Jahr über bestellen.

Ich sage allerdings auch: Die alten Empfehlungen hatten schon ihren Sinn. Ab dem späten Frühjahr lässt die Qualität der Austern nach. Sie sind nicht mehr so klar und verlieren das ihnen eigene Mineralische mit dem typischen Jod-Geschmack.

Grundsätzlich rate ich dazu, Rohprodukte wie Meeresfrüchte nur in Lokalen zu bestellen, in denen Sie das Gefühl haben: Hier wird sauber gearbeitet. Ich bin davon überzeugt, dass die meisten Menschen mit einer Abneigung oder einer (vermeintlichen) Allergie gegen Meeresfrüchte irgendwann einmal etwas Verdorbenes gegessen haben – und es vielleicht nicht einmal gemerkt haben. Für schlechten Geschmack und erst recht für verdorbene Speisen hat unser Körper jedenfalls ein sehr sensibles Langzeitgedächtnis.

Für die ordnungsgemäße Lagerung von Austern muss unbedingt auf eine ununterbrochene Kühlkette geachtet werden: vier Grad Celsius konstant – das ist bei uns Vorschrift. Dann schichten wir sie stabil übereinander, damit sie kein Wasser verlieren. Über die oberste Lage kommt noch ein feuchtes Tuch. Verarbeitet werden dürfen nur Austern mit geschlossener Schale. Alles andere ist wenn nicht lebensgefährlich, so doch zumindest kulinarisch eine Katastrophe.

Bei Muscheln ist es übrigens genau umgekehrt: Essen Sie aus Topf mit »rheinischen« Miesmuscheln – also in einem Gemüsesud – nur die bereits geöffneten Muscheln. Sie werden es sonst in der folgenden Nacht bitter bereuen.

Zurück zu den Austern: Beim Öffnen mit einem scharfen, spitzen Messer muss man darauf achten, nur bis knapp unter den Schalenrand zu gehen. Sonst trifft man mit der Messerspitze die Auster, die sich dann auf ein Drittel ihres Volumens zusammenzieht. Das sieht nicht gut aus und gilt als klarer Kunstfehler. Gerade beim Verzehr von Meeresfrüchten spielt die Optik eine entscheidende Rolle.

Das in der Austernschale gesammelte Wasser kippt man nach dem Öffnen erst einmal weg. Die Auster bildet von selbst Flüssigkeit nach. Dann pinselt man den Schalenrand ab, um kleinste Splitter oder andere Fremdkörper zu entfernen. Um die Auster zu essen, nimmt man sie zunächst zwischen Daumen und Zeige- oder Mittelfinger. Mit einer kleinen Gabel – in der gehobenen Gastronomie gibt es spezielle Austerngabeln – löst man vorsichtig das Fleisch der Auster von der Schale. Dann führt man die Schale an die Lippen, legt den Kopf leicht nach hinten und lässt die Auster in den Mund gleiten. Bitte nicht fest darauf herumkauen – eine Auster ist kein Steak! Ein, zwei Mal maximal, dann schlucken und den Jod-Geschmack für ein paar Sekunden nachwirken lassen.

Ich persönlich bin beim Austernessen Purist. Es ist aber durchaus üblich und erlaubt, die Auster vorher mit einem Tropfen Zitronensaft oder Schalotten-Vinaigrette abzuschmecken. Eine Prise frisch gemahlener Pfeffer tut's auch – oder halt *à l'américaine* mit ordentlich Ketchup und Tabasco. Nein, Scherz – das natürlich nicht.

Schwierigkeiten bereitet gern auch der Verzehr nicht ausgelöster Langustinen, Gambas oder Garnelen. Dafür darf man die Finger benutzen. Bei einem Pasta-Gericht mit Meeresfrüchten sollten Sie das als Allererstes tun, solange noch nicht allzu viel Soße an den Panzern klebt.

Für das Auslösen entfernt man zunächst den Kopf etwa der Gamba durch leichtes Drehen und knackt den Panzer in der Mitte mit einem nicht zu festen Druck erst in die eine, dann in die andere Richtung. Mit Daumen und Zeigefinger der einen Hand drückt man anschließend auf die Schwanzseite und zieht das Fleisch mit den Fingern der anderen Hand heraus.

Die Zangen einer Langustine knackt man mit den Zähnen – etwa so, wie man es mit einer Süßholzstange machen würde –, um an das delikate Muskelfleisch darin zu kommen. Auch dafür gibt es mitunter eigenes Werkzeug: die langen, filigranen Langustinen- oder Hummergabeln, mit denen man das Fleisch aus der Zange zieht.

Im Restaurant vergeben Sie sich übrigens nichts, wenn Sie das Servicepersonal um Hilfe bitten. Mir ist es viel lieber, ich erkläre einem Gast, wie er seine Austern oder seine Langustinen isst, als dass er es selbst versucht und sich womöglich um den ganzen Genuss bringt.

SPARGEL

Schräg auf den Teller legen, quer schneiden, rechts unten beginnen – Spargelessen bringt den Sinn für Geometrie auf Trab.

Wenn ich Ihnen gleich erkläre, wie »man« das mit Spargel so macht, dann möchte ich vorwegschicken, dass Sie es keineswegs so machen müssen. Korsette sind, wie ich nicht müde werde zu sagen, eine Qual und eine Selbsttäuschung. Das gilt für die Kleidung wie fürs Benehmen. Aber es kann ja Gelegenheiten geben, bei denen es (Ihnen) darauf ankommt, es so zu machen, wie »man« es macht.

In dem Fall legen Sie die Spargelstangen nebeneinander und drehen den Teller so, dass die Stangen schräg liegen und die Spitzen schräg nach unten zeigen. Wenn Sie sich den Teller als Uhr und die Spargelstangen als Uhrzeiger vorstellen, dann sollten Spargelstangen in etwa auf »fünf vor fünf« beziehungsweise »zehn vor vier« liegen.

Beim Essen fangen Sie rechts unten mit der Spargelspitze an und arbeiten sich dann nach links oben vor. Warten Sie bei einer privaten Einladung bitte auf jeden Fall, bis auch die Gastgeberin mit dem Essen begonnen hat. Damit zeigen Sie, dass Sie eine gute Schule genossen haben. Aber das gilt ganz unabhängig davon, was Sie gerade auf dem Teller haben.

Die Stangen schneiden Sie quer. Bitte ziehen Sie sich die Stangen nicht als Ganzes rein – so als wollten Sie einen Baumstamm der Länge nach durch eine Toreinfahrt befördern. Mich hat vor Kurzem tatsächlich mal jemand gefragt, ob man das bei Spargel so mache ... Also da ist die Antwort ganz klar: Tun Sie es nicht! Essen ist schließlich ein Vorgang unter Beteiligung sämtlicher Sinne. Will sagen: Das Ganze muss auch anguckbar sein.

Zu Spargel und Sauce Hollandaise werden in aller Regel Kartoffeln serviert. Das gibt mir Anlass zu einer kurzen grundsätzlichen Betrachtung des Wesens der Kartoffel. In Deutschland ist sie eine Sättigungsbeilage. In Frankreich betrachten wir sie als Begleiterin. Was der Unterschied ist? Als ich während des Corona-Lock-

downs mit unserem Außer-Haus-Service eine Lieferung in eine prunkvolle Villa mit allem Schnick und Schnack brachte, fragte mich die Dame des Hauses beim Öffnen als Erstes: »Werden wir davon denn auch satt?« – »Nun, gnädige Frau, es ist nicht der Sinn unserer Küche, dass Sie davon satt werden. Sie sollen Spaß damit haben.«

Wie Sie bemerkt haben, bestand dieser Dialog aus einer deutschen Frage und einer französischen Antwort. Auf einem französischen Teller besteht die Aufgabe einer Kartoffel – wenn es sich um eine Dampfkartoffel oder eine Pellkartoffel handelt – darin, die vorhandene Soße aufzunehmen, sodass man sie sich zu Gemüte führen kann. Die Kartoffel ist ein Soßensauger. Und dazu wird sie natürlich mit der Gabel zerdrückt. Das ist völlig in Ordnung, und Sie müssen nicht fürchten, als *bouffon* dazustehen, was man höflich mit »Banause« übersetzen könnte und etwas derber mit »Volltrottel«.

Damit die Kartoffel ihre Begleitfunktion optimal erfüllen kann, ist ihre Qualität von entscheidender Bedeutung. Alle rheinischen Kartoffelbauern mögen es mir verzeihen oder mich eines Besseren belehren. Aber die besten Kartoffeln – ob festkochend oder mehlig – kommen meiner Meinung nach aus Norddeutschland. Meine Lieblinge sind Cilena und Annabelle. Weil sie zu unterschiedlichen Zeiten Saison haben, wechsle ich beim Einkaufen immer ab. Aber eine von den beiden sollte es sein.

KÄSE UND DESSERT

Dass der Nachtisch zu einem gelungenen Menü gehört, steht außer Frage. Doch wann wird er serviert? Eine in Deutschland beliebte Faustregel führt in die Irre.

Als Faustregel hinsichtlich der Frage, wann man den Käse servieren sollte, gilt in Deutschland der scheinbar unverwüstliche Satz: Käse schließt den Magen. Als ich das zum ersten Mal gehört habe, war ich regelrecht schockiert. Wie können die Deutschen nur auf so einen Blödsinn kommen? Ich habe dann recherchiert und bin auf antike römische Autoren gestoßen. Sie waren davon überzeugt, dass Käse vor dem Dessert die Magensäure im Zaum hält, sodass man am Ende des Essens weder Sodbrennen noch ein unangenehmes Völlegefühl hat. Diese Annahme hatte lange Zeit Gültigkeit und wurde wissenschaftlich erst im 20. Jahrhundert korrigiert.

In der französischen Küche dagegen, immerhin Bestandteil des UNESCO-Weltkulturerbes, ist die Abfolge »Vorspeise – Hauptgang – Käse (salzig) – und/oder Dessert (süß)« bewährt und unumstößlich. Und die Franzosen sollten es doch wirklich am besten wissen. Die essen nämlich viel Käse, sehr viel Käse – mittags wie abends, im Grunde zu jeder Mahlzeit. Auf 26 Kilo Käse pro Kopf der Bevölkerung bringen sie es im Jahr, eine unfassbare Menge. Schon deshalb sollten Sie sich dieser Expertise unserer Nachbarn bedenkenlos anvertrauen: Der Käse kommt immer vor dem Dessert. Ich zitiere den französischen Gastronomie-Heiligen Jean Anthelme Brillat-Savarin (1755–1826). Ihm zu Ehren wurde eine ganze Reihe von Speisen nach ihm benannt, insbesondere eine französische Käsesorte. Einer von Brillat-Savarins unsterblichen Aphorismen lautet: »Ein Dessert ohne Käse ist wie eine einäugige Schönheit.« Wie wahr! Beides gehört zusammen. Aber eben in der richtigen Reihenfolge. Wenn überhaupt, dann schließt die Süßspeise den Magen – und auf jeden Fall beschließt sie das gelungene Menü. Zum Kaffee oder Espresso bekommen Sie oft und nicht von ungefähr noch eine Praline oder ein Cookie gereicht.

Für das Arrangement einer schönen Käseplatte bietet sich eine Art Thema an: eine Käseauswahl aus dem Elsass zum Beispiel oder verschiedene Schafs- und Ziegenkäsesorten. Für eine gemischte Platte sollten Sie auf ein Angebot mit geschmacklicher Steigerung achten: von den milchig-cremigen zu den etwas würzigeren Sorten, dann Rotschmier- und/oder Blauschimmelkäse und Ziegenkäse zum Schluss. Im Fachhandel ist man Ihnen bei der Auswahl sicher gern behilflich. Dort könnten Sie sich vielleicht sogar zu jedem Käse ein paar Notizen machen, sodass Sie Ihren Gästen Tipps für die Reihenfolge geben können. Die ist nämlich wichtig. Dekorieren lässt sich die Käseplatte – je nach Jahreszeit –

mit Trauben, Feigen, Walnüssen oder auch mit Chutney und dünn geschnittenem Gemüse.

Wichtig ist womöglich noch die Frage nach dem begleitenden Brot. Ein besonderer Tipp aus unserer Praxis im Restaurant: dunkles Brot mit Schokolade. Zu einem Ziegenkäse ist das grandios. Überhaupt würde ich dunkles Vollkornbrot als Begleiter dem häufig anzutreffenden Weißbrot vorziehen, das meines Erachtens nur satt macht und die Fettsäure nicht gut bindet. Vollkornbrot dagegen unterstützt den Käsegeschmack, ohne ihn zu verfälschen. Aber wenn Sie einen Puristen fragen, wird der Ihnen sagen: Der Käse schmeckt am besten für sich allein.

ANSTANDSREST

Alles, worauf Sie Lust haben, dürfen Sie auch essen. Alles andere dürfen Sie liegen lassen.

Was auf dem Teller liegt, darf gegessen werden. Das können Sie als elftes Gebot auf die Schiefertafel mit den Tagesgerichten Ihrer Lieblingsgaststätte schreiben. Ich selbst kenne wunderbare Brauhäuser in Köln mit fantastischer rheinischer Küche. Aber auf jedem Teller liegt garantiert ein Salatblatt mit einer geviertelten Tomate. Ganz sicher hätte diese Tomate überall anders landen wollen, nur nicht hier. Ich glaube, denen in der Küche hat man das vor siebzig Jahren beigebracht, und so machen sie es noch immer: Teller aus dem Schrank, Salatbouquet drauf. Jedoch ist das Salatblatt nicht angemacht, die Tomate schmeckt nicht. Jetzt haben Sie die Wahl: essen oder liegen lassen?

Und damit bin ich bei der eigentlichen Regel: Was Sie essen wollen, dürfen Sie essen, und worauf Sie keine Lust haben, das dürfen Sie liegen lassen. Daraus ergibt sich die Frage, ob ein komplett leer gegessener Teller ein Zeichen der Höflichkeit ist oder ob das gierig wirkt, sodass man besser einen Rest liegen lässt.

Dazu Regel drei: Aus Prinzip oder aus Etikette etwas auf dem Teller lassen – das ist totaler Quatsch. Der Grund dafür? Ganz einfach: Regel zwei. Mit einem leer gegessenen Teller signalisieren Sie dem Wirt: Es hat

Ihnen geschmeckt. Wenn Sie dennoch etwas zurückgehen lassen, ist es also eine nette Geste und ein Zeichen der Anerkennung, wenn Sie dem Service beim Abtragen mit einem kleinen, bedauernden Lächeln sagen: »Es war mir einfach ein bisschen zu viel.« Bei uns im Restaurant kommt das Team zu mir, wenn ein Gast nicht aufgegessen hat, und bittet mich, das Abräumen zu übernehmen. Ich frage dann ganz vorsichtig, ob etwas nicht zur Zufriedenheit gewesen sei. In neunzig Prozent der Fälle folgt dann besagter Hinweis auf die schon erreichte Sättigung. Oder die Gäste rücken doch mit einer Kritik heraus und sagen, was sie nicht gemocht haben. Dann habe ich die Chance, noch die Kurve zu kriegen und die Situation zu retten.

Das Gleiche gilt am Buffet: Nehmen Sie sich, worauf Sie Appetit haben! Und wenn es die Deko ist, dann ist es eben die Deko. Allerdings werden Sie mit rohen, nicht angemachten Zutaten womöglich wenig Spaß haben.

Für Buffets möchte ich Ihnen aber aus meiner Erfahrung noch Regel vier mitgeben: Vermeiden Sie das, was wir in Frankreich das »Holländer-Syndrom« nennen! Wobei sich hier, liebe Niederländer, selbstverständlich auch andere Nationalitäten einfügen ließen. Gemeint ist jedenfalls die Unsitte, sich mit den Beständen vom Buffet gleich für einen ganzen Tag zu verproviantieren. Auf dieses Verständnis von »All inclusive« reagieren Hoteliers und Restaurantbetreiber verständlicherweise etwas pikiert.

LA COHABITATION

Das Miteinander

HANDYS

Die Macht des Smartphones ist groß, aber nicht grenzenlos. Es belegt uns derartig mit Beschlag – da braucht es etwas, das uns vor der Versklavung schützt.

Das Handy ist Teil unseres Lebens geworden. Es geht einfach nicht mehr ohne. Das meine ich fast wörtlich: Manche Leute wirken so, als wären sie geradezu damit verwachsen. Auch bei uns im Restaurant ist das so: Der erste Griff vieler Gäste, nachdem sie ihre Garderobe abgelegt, sich gesetzt und einmal tief Luft geholt haben, geht – zum Handy. Früher hatten wir unsere kleinen, nur 60 mal 60 Zentimeter großen Bistrotische zum Eindecken und zum Servieren des Essens für uns. Heute konkurrieren wir mit mindestens einem Smartphone – pro Person. Die Beistelltischchen, die bei uns eigentlich für Wein- und Wasserflaschen gedacht waren, wurden längst zu einer weiteren Ablagemöglichkeit für Mobiltelefone umfunktioniert.

Es hat keinen Sinn, das zu beklagen. Zehn Jahre lang haben wir konsequent dagegengehalten. Wir haben unseren Gästen bedeutet, dass die Benutzung von Handys im Lokal unerwünscht sei. Aber wir haben es aufgegeben: Gegen diese Übermacht kommen wir nicht an – und das nicht nur, weil die Gäste seit Corona die Speise- und Getränkekarten per QR-Code scannen können.

Aber wir legen nach wie vor Wert auf die Stummschaltung oder den Vibrationsalarm. Das ist das Mindeste, was wir während des Aufenthalts im Restaurant erwarten. Ich bin sicher, das entspricht dem Gefühl für Diskretion und Rücksichtnahme der allermeisten. Und ich glaube, das ist im Sinne aller Gäste, weil es die Atmosphäre doch massiv verändert, wenn es dauernd irgendwo klingelt.

Ich sprach von der »Übermacht« des Handys. Ganz machtlos sind wir aber auch nicht: Wenn wir die Vorspeise oder den Hauptgang servieren, die bei uns auf mehreren kleinen Tellern angerichtet sind, dann beanspruchen wir natürlich genau den Platz auf dem Tisch, den wir für jede einzelne Komponente vorgesehen haben. Wenn aber dort nun gerade das Smartphone liegt: Pech gehabt! Oder anders gesagt: Die Gäste beeilen sich dann, ihr gutes Stück wegzunehmen. Wirkungsvoll kann auch der dezente Hinweis sein, dass wir für Wasserschäden beim Umkippen von Gläsern oder Flaschen nicht haften. Gäste mit Sinn für Humor verstehen die Botschaft.

Wenn wir Gäste haben, die für ihre kleinen Kinder einen Babysitter bestellt haben, ist der Kontakt nach Hause selbstverständlich wichtig. Und auch sonst gibt es bestimmt viele Notwendigkeiten, die einen Verzicht aufs Handy – und sei es nur für zwei, drei Stunden – unmöglich machen. Aber man kann einprogrammieren, welche Anrufe oder Benachrichtigungen es melden

soll. Und man kann es problemlos in die Hosentasche stecken oder neben sich auf die Sitzbank legen. Insofern: Handy auf dem Tisch ist ein No-Go!

Dabei geht es mir letzten Endes wieder einmal nicht darum, irgendwelche Benimmregeln durchzusetzen oder die Leute zu erziehen. Ich glaube ganz einfach, der zeitweilige Verzicht ist für alle ein Gewinn. Andere Gäste im Lokal erwähnte ich schon. Aber auch dem Gespräch am Tisch tut es gut, wenn die Beteiligten einander mit ungeteilter Aufmerksamkeit zugewandt sind. Ich bin ja kein Psychologe und auch kein Paartherapeut. Manchmal beobachte ich jedoch, wie sehr das Handy die Gäste mit Beschlag belegt, und denke: Es braucht etwas, das uns vor der Versklavung schützen kann.

FOTOS VOM ESSEN UND SOCIAL MEDIA

Wenn man schon Hobbygastrofotografen für eine Plage hält, dann sind selbst ernannte Gastrokritiker die Pest.

Manchmal denke ich, ich bin nicht von dieser Welt. Nein, das ist kein Anfall von Größenwahn, sondern Ausdruck eines Befremdens über den Lauf der Zeit. Ich sagte ja schon, dass ich in vielen Dingen altmodisch denke. *Et de cela, je suis fier* – und ich bin stolz darauf.

Ich käme zum Beispiel nie auf den Gedanken, im Restaurant das Smartphone zu zücken und das Essen zu fotografieren. Wieso sollte ich? Ich zücke im Museum vor einem Stillleben mit Obst und Gemüse ja auch nicht mein Besteck.

Aber die Leute heute sind so. Übrigens nicht nur die Jungen, im Gegenteil. Die Fotomanie geht quer durch alle Generationen – sogar mit Tendenz zu den »Silver Surfern«, die inzwischen auch *always on* sein wollen und sich anscheinend ganz besonders hip vorkommen, wenn sie auf ihrem Facebook-Account in die vermeintlich interessierte halbe Welt hinausposaunen: »Schaut her, ich war beim Moissonnier – und das gab es als Vorspeise, als Hauptgang, als Nachtisch …«

Wir bringen einen Teller an den Tisch. Der ist noch nicht richtig am Platz, schon werden die Handys gezückt. Ich bin dann versucht zu sagen: »Wofür sind Sie eigentlich hergekommen? Wollen Sie nicht erst mal probieren?« Aber wenn es nur das wäre! Die Leute fotografieren inzwischen jede Kleinigkeit und stellen alles ins Netz – bis hin zum Buttertöpfchen. Was soll das?, frage ich mich.

Die Folgen sind manchmal unbeschreiblich. Vor geraumer Zeit muss einmal ein sehr gefragter asiatischer Foodblogger bei uns gewesen sein. Offenbar fand er nicht alles daneben. Jedenfalls setzte mit einer gewissen Phasenverschiebung auf einmal ein regelrechter Run von Besuchern aus seiner Region ein. Aber was waren das für Gäste? Nicht ernsthaft interessiert am Essen, von dem sie das meiste liegen ließen. Hauptsache, da gewesen – und natürlich auf Social Media dokumentiert.

Ich akzeptiere, dass es so läuft – und ich beuge mich dem, solange es niemanden stört. Also lasse ich auch die Hobbyfotografen bei Tisch gewähren – natürlich. Ich bin schließlich nicht dazu da, jemanden zu maßregeln. Nur ein einziges Mal bin ich eingeschritten, als ein Gast hereinkam, der eine Kamera mit riesigem Objektiv vor sich hertrug. Dem habe ich gesagt: »Ich bitte um Verständnis, aber wir gestatten keine Fotos.« – »Wie, keine Fotos?« – »Ja, ist hier so.« Ich hatte das Gefühl, das hat ihn schwer demotiviert und ihm die ganze Essenslaune verdorben. Er war jedenfalls sehr schnell wieder weg.

Wenn man schon die Hobbygastrofotografen für eine Plage hält, dann sind die selbst ernannten Gastrokritiker in den sozialen Medien die Pest.

Verstehen Sie mich nicht falsch: Social Media sind eine großartige Sache. Wie wunderbar, dass wir mit Menschen verbunden sind, die wir mögen. Wie fantastisch, dass wir die nicht vergessen, denen es schlecht geht. Aber wie elend, wenn sich Menschen dadurch besser fühlen, dass sie andere schlechtmachen. Es ist wirklich grausam, was da passiert. Das Ausmaß von Flegelhaftigkeit, Ungeduld, Bösartigkeit und Hass macht mir große Sorgen. Und ich rede nur von dem Bereich, den ich notgedrungen verfolge: den Kommentaren auf Gastro-Portalen. »Kritiken« kann man vieles davon nicht ernsthaft nennen. Für jeden Deppen, der von Essen und Trinken nicht die geringste Ahnung haben muss, ist Tür und Tor geöffnet für eine Mischung aus Brechkübel, Pranger, Richtschwert, Galgen und Guillotine – und natürlich für das Gegenteil von gutem Benehmen.

Ich sage nicht, es sei verboten, sich nach einem Restaurantbesuch kritisch zu äußern. Aber der erste Adressat sollte immer Wirt oder Wirtin sein. Und bevor man glaubt, im Netz sein Mütchen kühlen zu müssen, sollte man sich stets fragen, ob die eigene Kritik einer wiederum kritischen Überprüfung standhielte.

EROTIK

Verliebt zu sein ist wunderschön. Aber für die Sozialverträglichkeit ist das Regulieren der Hormone ähnlich wichtig wie die Beachtung des Alkoholpegels.

Ein Restaurant ist auch ein Theater. Jeder Gast ist zugleich Schauspieler und Zuschauer. Er gestaltet und genießt die Inszenierung. Ein Restaurant ist aber kein Animierbetrieb. Die Liebe zwischen zwei Menschen ist etwas Wunderschönes. Aber sie hat mit Intimität zu tun und mit einem geschützten Raum. Das heißt nicht, dass die Liebe nicht auch in die Öffentlichkeit gehört. Aber wie drückt sie sich hier aus? In einem Händedruck, mit einem tiefen Blick in die Augen. Ich bin kein Poet, sondern nur ein Kneipier. Aber was ich bei mir im Restaurant schon an Gesten der Verliebtheit und Zeichen der Liebe beobachtet habe, die bestimmt niemanden gestört haben, daraus könnte ich manchen Vers schmieden.

Dass ungehemmtes Geschmuse und Geknutsche auf andere Gäste unangenehm wirkt, kann ich aber ebenso gut nachfühlen. Es geht mir ganz genauso. Ich finde das deplatziert, ungezogen und rücksichtslos. Und ich sage ganz klar: Ein solches Benehmen, das obendrein ja oft auch etwas von Imponiergehabe hat, gehört sich einfach nicht. Da gibt es keine Ausflüchte und kein Pardon.

Meine Frau ist da noch strikter als ich – vielleicht eine Frage der Erziehung. Bei uns im Restaurant jedenfalls übernimmt sie es, die Gäste darauf hinzuweisen, wenn sie sich gerade danebenbenehmen und dem Überschuss der Hormone allzu freien Lauf lassen. Das ist heikel, zugegeben. Aber Liliane hat eine charmante Form gefunden, die – oft jungen – Leute zu etwas mehr Diskretion anzuhalten. Ich könnte allerdings nicht guten Gewissens behaupten, dass sie bei ihnen damit auf ungeteiltes Verständnis stieße. Sie lenken zwar meistens ein, schreiben dafür aber hinterher eine vernichtende Kritik auf Tripadvisor und Co.

Insbesondere zu Messezeiten kommt es auch vor, dass Geschäftsleute für ein Dinner die Dienste eines Escortservice in Anspruch nehmen. Dafür entwickelt man mit der Zeit einen Blick. Ein Kollege hat mir dazu mal eine Geschichte erzählt. Die Situation war folgende: männlicher Gast, weibliche Escort. Nach einer Weile steht am Nachbartisch eine sehr gut aussehende Frau auf und geht quer durchs Restaurant – regelrecht verfolgt von den Blicken des besagten Gastes. Sagt die Hostess, so laut, dass alle im Lokal es hören können: »Kannst du mir mal erklären, warum du mich bezahlst und trotzdem anderen Frauen hinterhergaffst?«

Solch eine pädagogische Maßnahme hätte kein Restaurantchef der Welt hinbekommen. Wir können manchmal versuchen, ein bisschen an den Leuten zu zupfen, aber wir können sie nicht erziehen. Das ist zum Glück nicht unsere Aufgabe. Wenn wir unseren anderen Gästen den Abend retten, ist das schon mehr als genug.

ÄRGER AM NEBENTISCH

Stören Sie Tischnachbarn, die an allem etwas auszusetzen haben? Dann verwickeln Sie sie doch einfach geschickt in ein Gespräch. Das hilft – meistens.

Besserwisser, gescheiterte Gastrokritiker oder gar – Entschuldigung! – Randalierer sind nicht nur ein Problem für Wirtinnen, Wirte und ihren Service, sondern auch für die anderen Gäste. Wir hatten einmal einen Vater mit seiner Tochter bei uns, die sich über alles beschwerten. Eine andere Besucherin, die für einen Moment zum Rauchen rausgegangen war, erzählte mir anschließend, die beiden seien sich beim Verlassen des Restaurants lachend um den Hals gefallen: »War das ein Spaß!«

Dass das ein singuläres Vergnügen war, versteht sich wohl von selbst. Es kann allerdings, und das sei nicht verschwiegen, auch gute Gründe geben, sich zu beschweren. Gehen wir der Einfachheit halber mal von diesem Fall aus. Sie sitzen an Ihrem Tisch, und der ganze geballte Ärger von nebenan schwappt herüber. Das vergiftet fast zwangsläufig auch hier bei Ihnen die Atmosphäre. Schon deshalb ist es Ihr gutes Recht, sich dagegen zu wehren. Vielleicht ist es ja sogar Ihre Pflicht, wenn Sie für Ihre Begleitung und sich einen schönen Abend retten wollen.

Sie haben jetzt zwei Möglichkeiten. Variante 1: Sie beugen sich freundlich zu Ihren Nachbarn hinüber und sagen: »Ich verstehe Ihren Unmut, aber verstehen Sie bitte ebenfalls dass wir gern davon verschont bleiben möchten. Wir können nämlich nichts dafür.« Die Chancen, dass sich die Leute dann beruhigen, stehen fünfzig zu fünfzig. Wenn Sie Pech haben, geraten Sie nun selbst ins Visier und dürfen sich anhören, dass Sie mindestens so ein Nichtsnutz seien wie der Küchenchef – und was Sie sich einbildeten, sich einzumischen. Sie könnten dann noch auf Notwehr plädieren und sagen, dass Ihnen wegen des Wut- und Geräuschpegels gar keine andere Wahl geblieben sei. Kurzum: Mit Variante 1, so legitim sie ist, gehen Sie ein hohes Risiko ein.

Deshalb rate ich zu Variante 2, die ich für gleichermaßen intelligent und situationsadäquat halte. Sie müssen dafür nur die Kunst der Konversation beherrschen. Sie beugen sich also freundlich hinüber und sagen: »Entschuldigen Sie, was ist denn da bei Ihnen gerade so furchtbar schiefgelaufen? Das ist ja unglaublich! Stellen Sie sich vor, mir ist so was auch schon passiert. Das war im Italien-Urlaub voriges Jahr. Sie ahnen ja gar nicht, wie schlimm dieses Essen war, was man mir da vorgesetzt hat. Stimmt's, Schatz? Komm, sag mal, wie das war in diesem netten Restaurant am Rand von Florenz! Kennen Sie eigentlich Florenz?« Mit ein bisschen Glück beginnen Sie so eine Plauderei zu viert, und das ganze Elend mit dem verkorksten Menü gerät in den

Hintergrund. Der Service, wenn er auf Zack ist, wird die Situation sofort kapieren, möglichst unauffällig weiterarbeiten, Ihnen fürs Erste das Feld überlassen und Sie – wenn er noch mehr auf Zack ist – für einen Drink auf Kosten des Hauses vormerken.

Die Sorge, dass Sie als Preis für Ihr Ablenkungsmanöver für den Rest des Abends die Nachbarn an der Backe haben, kann ich Ihnen nehmen: Spätestens wenn Sie Ihr Essen bekommen oder ein neues Getränk, entsteht eine Zäsur, nach der sich die Menschen nebenan auch wieder mit sich und ihrem Essen beschäftigen, aber entspannter und – leiser.

(ÜBER-)MÄSSIGER ALKOHOLGENUSS

Hat ein Gast am Tisch zu viel getrunken, wird es heikel. Meistens gibt es nur eine Rettung.

Ich kenne die Situation vor allem von Geschäftsessen unter – meist männlichen – Kollegen. Die kommen für eine wichtige Besprechung aus ganz Deutschland angereist. Natürlich schwer im Stress. Auch beim Essen wird noch diskutiert. Dazwischen wird bestellt, man redet, man isst, man trinkt und redet weiter. Im Verlauf des Abends reißt dann einer aus der Runde mehr und mehr das Gespräch an sich. Meistens einer, der ohnehin schon viel zu sagen hat. Ein Seniorpartner – oder so. Die Junioren würden sich das nämlich nicht trauen, sind qua Position zurückhaltend.

Proportional zur Flüssigkeit der Konversation steigt auch die Geschwindigkeit seines Weinkonsums. Der Service erkennt das daran, dass er das Glas nicht schluckweise, sondern auf einmal leert. Und man spürt genau: Das ist einer, der muss sich für nichts mehr entschuldigen. Bald kommt es zu ersten Auflösungserscheinungen: Der Tonfall wird jovial, der Krawattenknoten sitzt nur noch lose, das Jackett landet über der Stuhllehne, die Gesichtsfarbe nimmt wechselnde Rottöne an.

Gegensteuern ist schwierig. Man kann beim Servieren des Weins etwas seltener an den betreffenden

Tisch gehen oder versuchen, weniger nachzuschenken. Streng genommen haben wir in der Gastronomie sogar eine gewisse Verpflichtung: Wir dürften zum Beispiel niemanden schwer alkoholisiert aus dem Lokal gehen lassen, wenn wir wissen, dass diejenige Person noch Auto fahren will. Das führt nicht selten zu Ärger aufseiten des Gasts. Typische Reaktion: den Zeigefinger mittig an den Glasrand legen – gewissermaßen als Pegelstandsanzeiger.

Die Begleiter versuchen es gelegentlich mit Bemerkungen von der Art: »Ach nein, danke, keine neue Flasche mehr – wir müssen morgen alle früh raus.« Auch

das hilft aber nicht unbedingt, denn »unser Mann« ordert dann eben glasweise. Oder er geht zu den hochprozentigen Digestifs über, was das Ganze eher noch schlimmer macht.

Ein anderes Manöver lautet: Ablenkung. Die Tischbegleiter schneiden andere Themen an oder beginnen, untereinander zu reden. Allerdings wird das bei jemandem, der sein Selbstwertgefühl nach dem Grad der ihm geschenkten Aufmerksamkeit bemisst, auch nicht viel fruchten.

Mein Ratschlag: Charakter zeigen! Grenzen setzen! Aber geht das wirklich in Runden mit klarer Hierarchie und großem Machtgefälle? Gelegentlich hilft persönliche Verbundenheit, am ehesten die zwischen Ehepaaren: im richtigen Moment die Hand dezent auf den Unterarm des Problemfalls legen, nicht viele Worte machen, vielleicht nur ein langer, unverwandter Blick mit hochgezogenen Augenbrauen ... Ich habe es schon erlebt, dass diese kleinen Signale, diese sprechenden Gesten zu einem Stimmungsumschwung ins Positive führten.

Meistens aber naht Rettung nur dadurch, dass die Runde sich auflöst. Das geschieht in der Regel recht schnell, weil alle am Tisch – mit einer Ausnahme – einen ausgeprägten Fluchtreflex zeigen.

REKLAMATIONEN

Im Restaurant sind Sie zahlender Kunde – und deshalb in der stärkeren Position.

Die schlimmste Form der schlechten Behandlung ist, wenn Sie etwas serviert bekommen, was misslungen ist. Das ist der klassische Moment für eine Reklamation. In der gehobenen Gastronomie geraten wir bisweilen an das Lager der – wie ich sie nenne – »gescheiterten Gastrokritiker«. Die wollen sich mal fühlen wie anerkannte Experten – das aber im Restaurant, vor allen Leuten. Wohl oder übel müssen wir das über uns ergehen lassen.

Dann aber gibt es das Lager der Gäste, bei denen es tatsächlich ein Problem gibt mit dem, was sie auf dem Teller oder im Glas haben. Das muss ausgeräumt werden, völlig klar: versalzen, zu kurz gegart ... Solche Fehler können, dürfen aber nicht passieren. Wenn Ihnen so etwas unterkommt, sprechen Sie direkt jemanden vom Servicepersonal an. Mein Rat aus langjähriger Erfahrung auf der »anderen Seite«: Tun Sie das in aller Freundlichkeit. Keiner, auch kein Koch und keine Kellnerin, möchte wie ein Schulkind, ein Vollidiot oder ein auf frischer Tat ertappter Verbrecher behandelt werden.

Natürlich kann es auch vorkommen, dass eine Servicekraft auf eine Reklamation schnöselig, unwirsch oder gar aggressiv reagiert. Ganz ehrlich gesagt: Auch

mir ist das schon passiert. Und warum? Nun, die Ausgangslage im Restaurant ist im Grunde die gleiche wie in einer Beziehung: Zu Konflikten gehören (fast) immer zwei. Oder: Wie man in den Wald hineinruft, so schallt es heraus.

Im Restaurant sind Sie aber auch und vor allem zahlender Kunde – und deshalb in der stärkeren Position. Bitten Sie also die Bedienung im Zweifel, ihren Vorgesetzten zu rufen, um eine für Sie ungute Situation zu klären. Dabei sollten Sie immer deutlich machen, dass Sie nicht recht behalten, sondern als Gast ernst genommen werden wollen. Darauf haben Sie einen Anspruch – für unsereins eigentlich eine Frage der Berufsehre.

Auch dazu eine kleine Geschichte aus eigenem Erleben: Ich war an einem Sonntagabend für ein Geschäftsessen in einem namhaften Berliner Restaurant und fragte beim Bezahlen nach einem Bewirtungsbeleg. Das lehnte der Kellner ab. Es sei doch Sonntag, da könne ich ja wohl kaum geltend machen, dass ich gearbeitet hätte. Ich antwortete irritiert, aber noch einigermaßen ruhig: »Das lassen Sie mal ruhig meine Sorge sein.« Der Kellner blieb allerdings dabei: kein Beleg. Da habe ich mich an den Chef gewandt, der den Fall umgehend in meinem Sinn geklärt hat.

Jeder Wirt, der etwas auf sich hält, wird versuchen, Sie bei einer Reklamation zufriedenzustellen. Es sind noch andere Gäste da, er hat einen Ruf zu verlieren. Da fällt es nicht so sehr ins Gewicht, wenn er einmal ein

Gericht ersetzen oder ein anderes Glas Wein bringen muss. Aus Sicht des Wirts ist es übrigens einfacher, mit einer Getränke-Reklamation umzugehen als mit einer Beschwerde übers Essen. Wenn ein Gericht komplett neu zubereitet werden muss, entstehen Wartezeiten, der Gast fühlt sich unwohl, am Ende ist womöglich alles schlimmer als vorher. Ein Getränk ist schnell ausgetauscht. Diese Lösung ist mir wichtiger als die Frage, ob der Wein nun wirklich drei Grad zu kalt oder zwei Grad zu warm war.

Es kommt vor, dass jemand sagt: »Dieser Wein ist so gar nicht mein Geschmack.« Ich nehme dann sofort das Glas und bringe ein neues. Der Mensch ist ein bequemes Wesen. Warum mir und den Gästen mehr Ärger machen als notwendig? Ruhe bewahren ist in allen Lebenslagen die höchste Form der sozialen Intelligenz. So auch hier. Ich gehe jede Wette ein: Mit einer ruhig und bestimmt vorgetragenen Reklamation werden Sie immer gewinnen.

RAUCHEN

Die gesetzliche Qualmfreiheit in Innenräumen hat sich durchgesetzt. Wer draußen raucht, sollte sich dort genauso diszipliniert benehmen wie drinnen. Sonst ist der Ärger vorprogrammiert – für den Wirt.

Lassen Sie mich mit einem Kompliment beginnen: Großartig, liebe Raucherinnen und Raucher, wie Sie es geschafft haben, sich auf das Rauchverbot in Restaurants und Gaststätten einzustellen und allen anderen Gästen im Raum das unbeschwerte Atmen zu ermöglichen! Ich hätte 2008, bei der Einführung der neuen Regeln, niemals gedacht, dass das in Deutschland so problemlos über die Bühne gehen würde. Also: Großes Lob und vielen Dank!

Auch 15 Jahre später erlebe ich die meisten Raucherinnen und Raucher als sehr diszipliniert. Es ist eher die Regel als die Ausnahme, dass sie mich fragen, ob es die Abläufe störe, wenn sie für eine Zigarette nach draußen gingen, oder wann dafür die günstigste Gelegenheit sei. Manchmal kommt es mir so vor, als fühlten die Raucherinnen und Raucher sich mit ihrem Laster wie Schuldige, und irgendwie begeben sie sich auch immer gleich in die Pose des armen Sünders. Da erwacht im fürsorglichen Kneipier der Beschützerinstinkt. Deshalb sage ich: »Machen Sie sich keine Sorgen! Gehen Sie ruhig für Ihre Zigarette nach draußen! Sie verpassen nichts, wir sagen rechtzeitig Bescheid, wenn es weitergeht.«

Wozu ich immer raten würde – auch weil ich es oft anders erlebe: Wenn der Raucher oder die Raucherin vom Tisch aufsteht und nach draußen geht, sollte die Begleitung sich die Mühe machen und mitgehen. Lieber den Tisch verwaist lassen als das Gegenüber! Ein kurzer Hinweis ans Servicepersonal genügt, und Sie können gemeinsam das Restaurant verlassen. Auch wenn Sie zu viert sind, sollten nicht drei Rauchende aufstehen und die vierte Person allein zurücklassen. Das gehört sich einfach nicht.

Wenn man abends durch die Stadt fährt, erkennt man Lokale oft schon von Weitem an den kleinen Menschentrauben vor der Tür, über denen eine weißgraue Rauchwolke hängt. Das spricht für ausgeprägtes Suchtverhalten. Gerade zu vorgerückter Stunde und bei steigendem Alkoholpegel, der erfahrungsgemäß auch zu höherem Tabakkonsum zwingt, sollten Raucherinnen und Raucher darauf achten, dass sie sich vor dem Lokal rücksichtsvoll verhalten. Sonst ist der Ärger mit der Nachbarschaft für den Wirt vorprogrammiert.

Denken Sie an meinen Lieblingsvergleich: Ein Wirt ist wie ein Flugkapitän, der die Verantwortung für seine Maschine, die Crew und die Passagiere hat. Er muss also auch den Mut zum Lenken und zu freundlichen, aber unmissverständlichen Ansagen haben. »Denken Sie bitte daran: Über Ihnen liegen müde Menschen in ihren Betten und wollen schlafen!« Ich habe es noch nie erlebt, dass das nicht funktioniert hat. Und als Menschenfreund und Berufsoptimist bleibe ich zuversichtlich, dass man für die grundlegendste aller Benimmregeln keine Stilfibel braucht: Was du nicht willst, das man dir tu, das füg auch keinem anderen zu. In der Kirche würde ich jetzt »Amen« sagen. Als Wirt sage ich: »Auf guten Genuss!«

LES ADIEUX

Abschied nehmen

RECHNUNG

Ein Abend mit Freunden im Restaurant und hinterher die Rechnung splitten? Das ist typisch deutsch und kein bisschen genießerisch.

Die Bitte um getrennte Rechnungen höre ich häufig. Aber nur in Deutschland. In meiner französischen Heimat, in Italien oder in Griechenland würde nie jemand darüber reden, die Rechnung zu splitten. Das würden die anderen am Tisch als Angriff empfinden. Die Endsumme wird stattdessen einfach durch die Zahl der anwesenden Personen oder Paare geteilt. Das war's.

Es ist eine deutsche Unsitte, ein typisch teutonischer Spleen, alles ganz korrekt auseinanderrechnen zu wollen. »Kaffee? Hatten nur die anderen! Die zweite Flasche Wasser? Habe ich nicht angerührt!« Was soll das? Man geht mit Freunden oder Bekannten essen, macht sich einen schönen Abend und hat Angst, übervorteilt zu werden? Und am Ende kommt dann an einem Vierertisch eine Differenz von 3,50 Euro zu eigenen Gunsten heraus. Das ist einfach lächerlich. Mit Gastlichkeit hat das nichts mehr zu tun.

Gar nicht so selten bekomme ich mit, dass Gäste sich zu einem gemeinsamen Essen verabredet, aber offensichtlich nicht übers Bezahlen gesprochen haben. Auf einmal liegen dann beim einen oder anderen die Hände wie betoniert auf dem Tisch, damit nur ja nicht der Griff zum Portemonnaie gehen muss. Nach dem Motto: Wer sich als Erster bewegt, hat verloren! Manche sind darin richtiggehend trainiert. Aber natürlich gehört sich das nicht. Gut ist es immer, das Bezahlen vorher zu klären oder sich ein Herz zu fassen und zu sagen: »Sollen wir halbe-halbe machen?!« Oder: »Heute zahlen wir, nächstes Mal seid ihr dran!«

Nun kann es bei der Auswahl der Speisen oder der Getränke ein deutliches Gefälle geben: Einer am Tisch isst nur Vorspeise und Salat, die anderen vier Gänge. Drei trinken teuren Wein, der Fahrer bestellt nur Wasser. Klar, das kann man ausgleichen. Aber bitte auch hier nicht auf Euro und Cent, sondern indem man zum Beispiel sagt: »Also die Getränke übernehmen wir.«

Auch für uns Gastronomen sind gesplittete Rechnungen die Pest. Es braucht Zeit und Nerven und eine endlose Rechnerei. Manche Kollegen schreiben deshalb schon direkt auf die Speisekarte: »Rechnung nur tischweise«. Könnten wir dieses Problem nicht lösen, indem wir von vornherein getrennt buchen? Die Idee klingt gut, ist aber nicht praxistauglich: Paare müssten zum Beispiel konsequent nebeneinandersitzen, sonst entsteht Chaos.

Wenn Sie sich auf eine Überweisung verständigt haben, eine herzliche Bitte im Namen aller meiner Kollegen: Zahlen Sie zügig! In der Gastronomie brauchen wir die Umsätze täglich, um unsere Lieferanten zu bezahlen. Bei Zahlung im Restaurant eine ebenso herzliche

Bitte, vielleicht nicht im Namen aller meiner Kollegen: Verlangen Sie unbedingt eine ordentliche Rechnung. Das hören nicht alle gern. Aber jeder Wirt ist verpflichtet, seinen Gästen einen Originalbeleg auszuhändigen. Und ich finde, ehrlich erwirtschaftetes und ausgegebenes Geld sollte nicht in schwarzen Kassen landen.

Das ist im Übrigen auch eine Frage der Fairness und der Gerechtigkeit in unserer Branche.

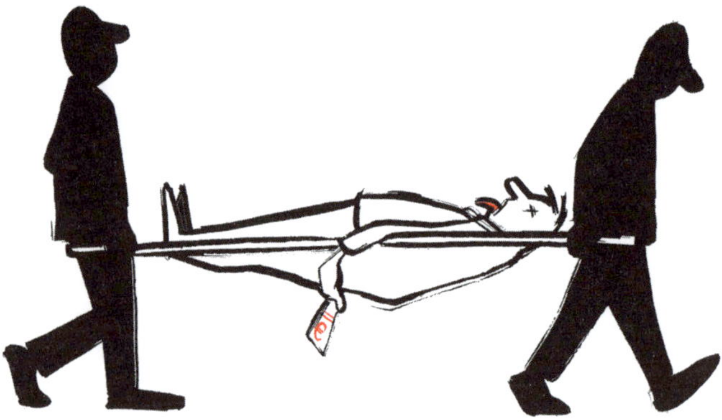

TRINKGELD

Der Bonus ist ein Stück Beziehung zwischen dem Gast und dem Personal. Der Wirt als Arbeitgeber hat damit nichts zu tun.

Die Trinkgeld-Frage ist wahrscheinlich so alt wie der Beruf des Kellners. Dass man fünf bis zehn Prozent auf die Rechnungssumme aufschlägt, gilt in Deutschland als Faustregel, steht aber nirgends geschrieben.

Aber wer bekommt eigentlich das Trinkgeld? Vielleicht verspüren Sie als Gast den Impuls, dem Wirt oder der Wirtin eines Lokals mit einem Trinkgeld ein Lob zu zollen. Ehrlich gesagt: Lassen Sie es! Sie machen ihm oder ihr damit eher das Leben schwer. Aus diversen leidvollen Erfahrungen mit dem Finanzamt kann ich jedem Gastronom nur raten: Finger weg vom Trinkgeld! Bei jedem Schein, jeder Münze, die er in die Hand nimmt, geht das Finanzamt von einem nicht versteuerten Umsatz aus. Und die Behörde versteht überhaupt keinen Spaß. Das wird dann sehr schnell sehr, sehr giftig: Verdacht auf Steuerhinterziehung. Sonderprüfung. Den Ärger können Sie sich gar nicht vorstellen.

Trinkgeld ist also immer fürs Personal. Dann ist es auch steuerfrei. Und: Den Arbeitgeber geht es überhaupt nichts an. Er sollte das Trinkgeld niemals als – heimlich eingerechneten – Bestandteil des Gehalts seiner Servicekräfte behandeln, so nach dem Motto: »Sie kriegen von mir soundso viel Euro die Stunde, aber da kommt ja noch das Trinkgeld obendrauf.« Nein! Trinkgeld ist ein echtes Extra.

In Frankreich, Italien oder überhaupt in Südeuropa ist das anders. Da steht auf der Speisekarte so etwas wie: »Die Preise verstehen sich zuzüglich x Prozent Servicepauschale.« Dieser Anteil wird automatisch auf den Rechnungsbetrag draufgeschlagen. Das ist der Grund, warum zum Beispiel Franzosen so gut wie gar kein Trinkgeld geben. Wenn ein französischer Gast auf eine Rechnung von – sagen wir – 130 Euro noch zwei Euro drauflegt, kann sich der Service schon glücklich schätzen. In Deutschland dagegen ist das Trinkgeld ein Stück Beziehung zwischen Gast und Service. Ich finde das auch richtig so. Wer sich im Restaurant wohlgefühlt hat, wer aufmerksam und freundlich bedient wurde, revanchiert sich dafür mit einem Trinkgeld. Fürs Personal ist das wie der Blumenstrauß im Wohnzimmer. Er verschönert das Ambiente.

Fünf bis zehn Prozent Trinkgeld sollte man von vornherein einplanen. Die finale Entscheidung über die Höhe ist Bauchgefühl oder Herzenssache. Kein Trinkgeld ist ein klarer, unmissverständlicher Ausdruck des Missfallens. Das geht in Ordnung, wenn der Gast sich geärgert hat, weil er schlecht behandelt wurde. Eine Servicekraft, die kein Trinkgeld bekommt, tut gut daran, sich selbstkritisch zu fragen, was denn wohl schiefgelaufen sein könnte.

Es kommt auch vor, dass Gäste Trinkgeld zu einer Provokation machen: Cent-Münzen auf dem Tablett mit der Rechnung, am besten noch begleitet von einem frechen Spruch wie »Geben Sie aber nicht gleich alles auf einmal aus!«. Bei so was dürfen die Bedienungen bei mir freundlich Kontra geben: »Behalten Sie Ihr Geld sehr gern, bei uns ist der Service inklusive!«

Bei der Bemessung des Trinkgelds machen es viele Gäste so, dass sie die gewünschte Endsumme schon vor dem Bezahlen nennen. Bei 37,50 Euro geben sie zum Beispiel einen Fünfzig-Euro-Schein und sagen: »Machen Sie vierzig Euro!« Das kann aber zu kniffligen Situationen führen, die dem Gast das ganze Mittag- oder Abendessen versauen können – etwa, wenn er aus Versehen viel zu hoch aufgerundet oder der Servicemitarbeiter den genannten Betrag nicht richtig verstanden hat. Wir haben es uns deshalb zur Regel gemacht, das Rückgeld konsequent auf den Euro genau herauszugeben. Und der Gast entscheidet dann, wie viel er davon zurücklassen will. Nicht zuletzt bietet das dem jeweiligen Mitarbeiter die Chance, sich noch einmal freundlich zu bedanken. Das finde ich persönlich wichtig. Beim Geld sind die Menschen nun mal besonders empfindlich, und ich möchte nicht, dass am Ende eines Besuchs irgendwelche Missstimmungen aufkommen.

Manche Gäste sind unsicher, ob sie das Trinkgeld bei Kartenzahlung auf den Gesamtbetrag aufschlagen oder es lieber in bar geben sollen. Ich empfehle Letzteres. So lässt sich das Trinkgeld am leichtesten sammeln und aufteilen. Und wieder hat der Wirt nichts damit zu tun. Anders bei der Kartenzahlung: Da achtet das Finanzamt auf die Differenz zwischen Rechnungsbetrag und tatsächlich gebuchter Summe. Beweisen Sie mal, dass die zusätzlich bezahlten – sagen wir – zehn Euro wirklich fürs Personal bestimmt waren und nicht für zwei ganz am Ende des Abends bestellte Digestifs, die halt nicht mehr auf der Rechnung aufgetaucht sind Und dann: siehe oben!

Zudem kassiert bei jeder Kartenzahlung das Kreditkartenunternehmen mit. Die Wirte, die ich kenne, drücken ein Auge zu und tragen den Gebührenanteil vom Trinkgeld selbst. Andere scheuen den bürokratischen Aufwand. Sie tun also allen Beteiligten einen Gefallen, wenn Sie Rechnung und Trinkgeld auseinanderhalten.

Mit dem Verteilen handhaben wir es übrigens so, dass das gesamte Trinkgeld in einen Topf kommt und am Ende der Arbeitswoche an alle Servicekräfte ausgeschüttet wird – nach einem prozentualen Schlüssel, der sich an der Betriebszugehörigkeit orientiert.

Nun kann es ja sein, dass ein Kellner oder eine Kellnerin besonders zuvorkommend war und Sie das gezielt honorieren möchten. Dann sollten Sie sich beim Bezahlen direkt an die Betreffenden wenden und ihnen das genau so sagen. Was für eine bestimmte Servicekraft gedacht ist, das darf sie – wenn sie will – auch in einem Umlageverfahren für sich behalten.

ZEIT ZU GEHEN

Der letzte Gast zu sein, ist nicht schlimm. Aber es gibt sichere Indizien für den günstigen Moment zum Aufbruch.

Es ist erst vorbei, wenn es vorbei ist. Mit dieser Erkenntnis des großen Weisen Rocky Balboa alias Sylvester Stallone meistern Sie gewiss allerhand Lebenslagen. Aber auch einen Abend im Restaurant? Den richtigen Moment zum Gehen zu finden, ist gar nicht so einfach. Beim besten Freund zu Hause mit einer Flasche Grappa auf dem Tisch – das ist eine andere Sache. Da wird es dann halt mal halb drei morgens – mit Billigung aller Beteiligten.

Einfach auf den Tisch zu klopfen und zu sagen: »So, jetzt ist gut!«, macht sicher nicht den besten Eindruck. Man kann sich aber kleine, feine Notlügen zurechtlegen: Die Babysitterin muss weg. Der erste Termin am nächsten Morgen ist schon um acht Uhr … So etwas in der Art.

Wenn Sie selbst noch Sitzfleisch haben, achten Sie Ihrerseits auf den Gastgeber: Hat er sein Glas geleert und lässt sich nicht mehr nachschenken, ist das ein untrügliches Indiz dafür, dass der Abend sich nach seinem Gefühl dem Ende zuneigt.

Für den Wirt ist es vorbei, wenn das Restaurant schließt. Vorher ist es prinzipiell nicht schlimm, wenn

Sie die letzten Gäste sind. Aber es kann nicht schaden, die Uhr im Auge zu behalten. Wenn im Restaurant die Zeiger auf Mitternacht vorrücken und Sie obendrein seit einer halben Stunde nichts mehr bestellt haben, dann ist es eine Sache der Höflichkeit, zu gehen.

Nach Dessert, Digestif und Kaffee kann der Wirt im Grunde nichts mehr für Sie tun. Es gibt deshalb einen kleinen sprachlichen Marker, der den Wunsch signalisiert, Sie mögen zum Ende kommen: »Können wir *noch* etwas für Sie tun? Darf es *noch* etwas sein?« Die geistesgegenwärtige Antwort in diesem Moment lautet: »Die Rechnung bitte!«

Wir setzen selbst ein noch klareres Signal und geben die Schließzeit mit Mitternacht an. Als ich damit vor bald vierzig Jahren in Köln begonnen habe, haben sich manche Kollegen kaputtgelacht und mir einen Vogel gezeigt: »Du machst um zwölf Uhr zu? Moissonnier, du spinnst!« Tatsächlich war es anfangs auch mit den Gästen schwierig. Wie oft habe ich gehört: »Hier kommen wir nie wieder hin. Bei Ihren Kollegen im Restaurant XY, da dürfen wir bis drei Uhr sitzen.« – Deren Problem, nicht meines. Ich war lange Oberkellner bei »Franz Keller« in Köln. Arbeitstage mit 14 oder 16 Stunden waren völlig normal. Als ich mich selbstständig gemacht habe, habe ich gesagt: Das will ich nicht mehr.

Schauen Sie sich heute mal auf den Webseiten der gehobenen Gastronomie um: Sie werden überall Schichtbetrieb für die Küche und feste Schließzeiten finden. Zum einen, weil das Personal knapp ist. Zum anderen wegen garantierter Ruhezeiten für die Angestellten. Die Behörden schauen uns inzwischen sehr genau auf die Finger, ob wir die vertraglichen Bestimmungen einhalten. Es reicht eine anonyme Mail an den Zoll: »Ich arbeite bei ›Le Moissonnier‹ und werde mit 14-Stunden-Tagen ohne Ausgleich ausgebeutet.« – Seien Sie sicher, drei Tage später stehen die Fahnder in meinem Büro.

Ich selbst bleibe übrigens immer bis zum Schluss – aus einem ganz bestimmten Grund: Wenn späte Gäste den Wirt sehen, neigen sie eher dazu, die Runde aufzuheben und zu gehen. Ist der Wirt schon weg, denken sie: Ach, die Kellner, die halten noch eine Weile aus. Das will ich nicht. Vielleicht ist das auch der Grund dafür, dass wir bei unserem Personal relativ wenig Fluktuation haben, weil wir ihm ein – relativ – normales Leben ermöglichen.

VINCENT MOISSONNIER hat zusammen mit seiner Frau Liliane fast 40 Jahre lang das 2-Sterne-Restaurant ›Le Moissonnier‹ in Köln geführt. 2023 startet er neue Projekte, in denen er weiterhin seiner Leidenschaft nachgehen wird, Menschen und Genuss zusammenzubringen. Seine Stil-Kolumne im Kölner-Stadt-Anzeiger wurde zum Erfolgshit quer durch die Generationen. Führungskräfte großer Unternehmen lassen ihre Nachwuchskräfte diskret von ihm in allen Fragen der Etikette schulen, weil sie wissen: Die wirklich wichtigen Geschäfte werden an einem gedeckten Tisch abgeschlossen. www.lemoissonnier.de

JOACHIM FRANK ist seit 2011 Chefkorrespondent der DuMont-Mediengruppe und Mitglied der Chefredaktion des KÖLNER STADT-ANZEIGER. Aus zahlreichen Gesprächen mit Vincent Moissonnier für die Kolumne ›Wie geht's?‹ entwickelte er dieses Buch. Joachim Frank ist »Journalist des Jahres« 2021 und unter anderem Träger des »Stern-Preises« 2023. Im DuMont Buchverlag erschienen von ihm bereits »Wie kurieren wir die Kirche?« (2013) sowie gemeinsam mit Barbara Schock-Werner ›Köln auf den Punkt‹ (2015), ›Köln auf den Punkt II‹ (2019) und ›Domgeschichten‹ (2020).

NISHANT CHOKSI ist Illustrator, seine Werke erscheinen regelmäßig in renommierten internationalen Zeitungen und Magazinen, u. a. in THE NEW YORK TIMES, THE GUARDIAN, DIE ZEIT. www.nishantchoksi.com

Das bei der Produktion dieses Buches entstandene CO_2 wurde durch die Finanzierung von Klimaschutzprojekten kompensiert:
climate-id.com/17531-2110-1001/de

FSC
www.fsc.org
MIX
Papier aus verantwortungsvollen Quellen
FSC® C084279

5. Auflage 2024

Illustrationen © Nishant Choksi
Geleitwort © Hanns-Josef Ortheil
Lektorat Marisa Botz
Satz Birgit Haermeyer
Reproduktionen PPP Pre Print Partner, Köln
Druck und Bindung Print Consult, München
Printed in Slovakia

ISBN 978-3-8321- 6932-9
www.dumont-buchverlag.de